ANCIEN
STATUTAIRE
D'ALSACE.

~~~~~~~~~~~~~~~~~~~

Prix : 5 fr.

~~~~~~~~~~~~~~~~~~~

Se vend

A Colmar, chez J. H. Decker, Imprimeur du Roi,
Et chez M. d'Agon, Avocat à Sélestadt.

ANCIEN STATUTAIRE D'ALSACE,

ou

RECUEIL DES ACTES DE NOTORIÉTÉ

Fournis en 1738 et 1739 à M. DE CORBERON, Conseiller-d'État, premier Président du Conseil souverain d'Alsace,

SUR LES

STATUTS, US ET COUTUMES LOCALES

DE CETTE PROVINCE,

Suivi d'une Notice sur les Emphytéoses, les Colonges, les Locatairies perpétuelles, dites Schaufel=Recht, *les Cens, Rentes et Redevances foncières.*

PUBLIÉ PAR M. D'AGON DE LACONTRIE, AVOCAT.

A COLMAR,
Chez J. H. DECKER, Imprimeur du Roi.

1825.

A MONSIEUR
MILLET DE CHEVERS,
PREMIER PRÉSIDENT

DE LA

COUR ROYALE DE COLMAR,

CHEVALIER DES ORDRES ROYAUX DE SAINT-LOUIS
ET DE LA LÉGION-D'HONNEUR.

Monsieur le premier Président,

Feu M. le premier Président de Corberon, mon grand oncle, pensa que le Recueil des Us et Coutumes de notre province serait une œuvre très-utile et digne de la sollicitude du Chef de la Magistrature alsacienne : dans cette vue, il demanda, par des lettres circulaires, des renseignemens aux Juges inférieurs ; ce sont les actes de notoriété fournis en 1738 et 1739 par les magistrats municipaux et les baillis, que je publie de votre assentiment, Monsieur le premier Président, et sous vos auspices.

Il n'existe qu'un très-petit nombre de copies

du manuscrit que je livre à l'impression, et j'espérais pouvoir en remplir les lacunes; mais mes démarches ont été infructueuses : j'ose donc espérer que le barreau rendra justice au motif qui m'a engagé à lui offrir ce Recueil, et à la bonne volonté que j'ai eue de le rendre plus complet.

Quant à la notice que j'ai mise à la suite, elle présente mon opinion personnelle sur les matières dont elle traite : n'ayant ni la vanité de me croire un professeur, ni la prétention au titre d'auteur, je ne prétends pas que mon opinion fasse autorité, et je recevrai au contraire avec reconnaissance toute démonstration qui la prouverait erronnée.

En me permettant, Monsieur le premier Président, de vous dédier ce Recueil, vous avez mis le comble à la bienveillance dont vous voulez bien m'honorer, puisque vous me fournissez un moyen de vous offrir un témoignage public de ma reconnaissance et du profond respect avec lequel

J'ai l'honneur d'être,

MONSIEUR LE PREMIER PRÉSIDENT,

*Votre très-humble
et très-obéissant serviteur,*

D'AGON DE LACONTRIE, Avocat.

PRÉFACE DU MANUSCRIT.

Le but de cet ouvrage est de faire connaître la Jurisprudence de la province d'Alsace : chaque citoyen, dans sa ville, peut savoir son droit municipal, et cela semble lui suffire : mais ce n'est point assez, et il est nécessaire que tous ceux qui sont destinés à lui donner conseil, que tous ceux qui sont ses juges en cause d'appel en soient instruits : les uns pour lui donner le vrai sens de la loi, dans l'application de laquelle il se flatte peut-être, et pour l'empêcher de contester en Justice ce qu'il doit céder : les autres pour marcher d'un pas plus sûr dans leurs jugemens.

Jusqu'ici les avocats n'ont pu consulter, ni les juges décider, que sur des extraits de statuts que les parties produisent chaque fois. On pouvait bien présumer que l'extrait produit était décisif, et que s'il y avait quelqu'article contraire, la partie adverse s'en serait prévalue; mais on n'était pas sûr que cet habitant, ou son défenseur en première instance fussent assez instruits de leurs droits, et il ne pouvait que rester aux juges le scrupule d'ignorer si la partie qu'ils condamnaient avait été défendue avec toutes les lumières nécessaires à son avocat pour soutenir sa cause.

Un avocat, qui s'est retiré du barreau après en avoir rempli la carrière avec une grande capacité, avoua qu'il lui est arrivé de succomber en une affaire faute d'avoir su les dispositions des statuts d'une des dix villes (et comment l'aurait-il pu deviner?) et que depuis il a obtenu gain de cause en une même matière, entre d'autres parties, par la connaissance que le hasard lui donna par la suite de cet article du droit municipal de la même ville.

Un bourgeois, qui a un procès, se présente au greffe de sa ville et tire un extrait collationné d'un article qu'il sait lui être favorable : la partie adverse ignore que dans le même statut il y a un autre article contraire; la voilà exposée à succomber en une action où elle doit emporter gain de cause, et cela peut arriver même sans qu'il y ait de mauvaise foi de la part de son adversaire, aussi peu instruit qu'elle de cet autre article restrictif du premier.

C'est pour parer aux inconvéniens, que l'on a cru, non-seulement utile, mais même nécessaire de recueillir les statuts des villes.

Ils paraîtront du premier abord tronqués et donnés par fragmens; mais comme le présent ouvrage n'a pour objet que la Jurisprudence, il a fallu se borner à des extraits pour ne pas charger cette édition de quantité de choses qui ne peuvent et ne doivent plus se pratiquer aujourd'hui, et qui sont d'une notion non nécessaire, telles, par exemple, que sont les anciennes formes de procéder, abrogées par l'ordonnance ou par les arrêts du Conseil souverain : les réglemens de police intérieure de chaque lieu; la direction et l'administration des deniers patrimoniaux.

Les statuts des villes ne sont point les

seules lois qu'il importe au public de connaître : le plat pays a les siennes, non écrites, à la vérité, mais formées par des usages que la tradition et une constante observation ont transmis jusqu'à nos jours. Cela compose un droit local et usager auquel les peuples accordent un respect de soumission, qu'ils donnent autant à l'idée qu'ils se forment de la sagesse de leurs ancêtres dont ils les tiennent, qu'à leur amour pour l'habitude qu'ils ont contractée de s'y conformer inviolablement et à la lumière naturelle de leur raison, qui leur fait sentir la nécessité d'une invariabilité de règle, de quelque nature qu'elle puisse être dans sa forme.

Telle est, par exemple, *la Coutume de Ferrette*, si souvent citée et si invariablement observée, quoiqu'elle ne paraisse point écrite et qu'il n'en reste de vestiges que ceux qui nous sont tracés par la constante uniformité des jugemens rendus depuis des siècles, dans les matières qu'elle est en possession de régler.

Telles sont d'autres Coutumes qui, pour n'avoir pas, comme celle de Ferrette, un nom déterminé, n'en ont pas moins acquis d'empire sur les cantons qu'elles régissent.

A qui pourrait-on mieux s'adresser pour les connaître, qu'aux juges qui, par une expérience continuelle, se sont rendus les lois vivantes de leur district? Le public, juste estimateur, trouvera ici des preuves de leur application et de leur intelligence au fait de la justice.

On s'est fait une loi de conserver les termes qu'ils ont employés dans le compte qu'ils ont pris la peine de rendre de leurs usages, et on n'a retranché de leurs lettres, à M. le premier Président, que les complimens de civilité dont il était inutile de faire part au lecteur.

Les réponses de MM. les Baillis et les actes de notoriété que l'on trouvera dans ce Recueil sont en langue française : il convenait au temps présent de s'exprimer dans cette langue. Il n'en est pas de même des statuts des villes : ces lois anciennes demandent d'être données dans leur langue originaire. Le texte veut être lu tel qu'il est sorti des mains des législateurs : une traduction peut l'affaiblir ou l'altérer; on aime mieux entendre par soi-même celui qui parle, que par l'organe d'un interprète sur la fidélité duquel on croit ne pouvoir se reposer entièrement et absolument, sans s'exposer à être induit en erreur. Cela pouvait se concilier par une traduction française accolée au texte allemand sur une page partagée en deux colonnes; mais ç'aurait été une entreprise qui aurait trop retardé le juste empressement que l'on a de présenter au public un ouvrage qui l'intéresse si essentiellement; en effet, ceux qui ont quelque notion des deux langues, savent qu'une traduction n'est pas un ouvrage aisé : que peu de personnes en sont capables, et que dans le petit nombre de ceux qui se fieraient assez sur leurs forces pour se livrer à ce travail, les plus habiles conviennent qu'il y a tel terme allemand dont ils sentiront toute la force sans pouvoir trouver de terme français qui puisse en rendre la valeur, et souvent il se rencontre que ce terme est décisif; c'est ce qui arrive fréquemment au Conseil, où il est commun de disputer sur la signification d'un mot.

Un ancien magistrat se souvient, qu'il y a environ 40 ans, les secrétaires-interprètes n'étant pas d'accord sur la traduction d'une phrase portée dans un ancien titre, les juges ne le furent pas plus qu'eux, et qu'un homme, expert pour avoir pratiqué dans les chancelleries d'Allemagne, fut celui qui dévoila le véritable sens, et qui, par la justesse de son explication, conduisit les juges à la décision.

Ces difficultés auraient renvoyé trop loin l'exécution de notre projet : on a cru que la diligence importait plus au public que cette perfection étrangère au corps de l'ouvrage, et qu'il valait mieux laisser aux patriotes studieux le soin de le perfectionner, de le redresser même en ce qu'il peut contenir de défectueux, par une critique aussi exacte que judicieuse, à laquelle on ne peut que gagner infiniment*.

---

* Mon intention avait d'abord été de donner la copie littérale du manuscrit que je publie; et j'avais copié en allemand les articles transcrits en cette langue dans le manuscrit; mais des personnes, dont le sentiment doit faire loi pour moi, m'ont engagé à me borner à donner

Cette collection doit être regardée, non-seulement comme un compte que l'on rend à MM. les Légistes du droit particulier de la province, mais aussi comme une invitation à l'enrichir de leurs observations et des augmentations utiles qu'on pourrait y faire, et qui seraient le fruit de leurs recherches et des travaux que leur inspirerait leur amour pour leur patrie.

En attendant, les avocats trouveront ici, aussi bien que les Juges devant lesquels ils exercent leur important ministère, une notion générale des différentes Coutumes du ressort, sans être privés du droit qui compète à leur habileté, de juger du mérite des preuves qu'on leur donne *.

---

une bonne traduction française de tous les textes allemands, si je ne voulais pas donner et les textes et leur traduction ; pour ne pas augmenter le prix de ce volume, je me suis décidé pour la simple traduction : j'y ai mis tous mes soins, et je crois pouvoir garantir qu'elle est exacte.

* Je supprime la finale de cette préface, qui consigne le vœu de son auteur, de voir supprimer le système de la dévolution, vœu qui se trouve rempli aujourd'hui.

LETTRE

DE M. BRUGES, AVOCAT,

AU CONSEIL SOUVERAIN D'ALSACE,

À M. DUPLESSIS DE LA DANIÈRE,

SUR LA

LÉGISLATION DE L'ALSACE.

Colmar, le 26 avril 1738.

Monsieur,

J'ENTREPRENDS de répondre aux questions que vous me proposez par votre lettre du 17 de ce mois : si je consultais mes forces, je vous prierais de me dispenser de vous donner, sur nos usages, des éclaircissemens que d'autres seraient plus en état de vous donner.

Vous me demandez d'abord ce que c'est que nos statuts ou coutumes locales ? Cette première question exige de moi que je vous donne un léger crayon de l'ancien état de l'Alsace, avant de descendre dans le détail des petites souverainetés.

Les villes impériales se sont donné des statuts qui ont encore force de loi; mais aucun de ces statuts, autant que je sais, n'a été imprimé, si on excepte ceux de Landau, imprimés à Spire en 1660, et les ordonnanaes ou réglemens de la ville de Strasbourg.

Les statuts de Landau sont in-8° de 50 pages seulement, et ils sont accompagnés de notes latines, assez passables, de la composition de Jean-Jacques Schattenmann.

Les ordonnances de Strasbourg sont imprimées en plusieurs volumes détachés, la plupart in-f.°; mais on n'a ni les statuts de Landau, ni les ordonnances ou réglemens de Strasbourg qu'en idiome allemand. *

Les autres villes impériales ont presque toutes des statuts qui ne sont connus que par des copies manuscrites, la plupart très-fautives, au moins, n'en ai-je jamais vu d'imprimés.

Dans les autres parties de l'Alsace qui étaient avant 1648 des États ou des seigneuries particulières, il se trouve peu de statuts ou usages écrits, aucuns ne sont imprimés; mais il y a, dans la meilleure partie de la haute Alsace et même dans quelques endroits de la basse, une Coutume con-

---

* A la date de cette lettre les statuts de Colmar n'étaient donc pas encore imprimés, ou bien M. Bruges ignorait qu'ils le fussent.

nue sous le nom, tantôt de *Droit provincial*, tantôt, et cela est le plus commun, *de Coutume de Ferrette*.

Cette Coutume consiste pour ainsi dire en deux seuls points, les voici : « 1° Quand des conjoints
« n'ont pas passé de contrat de mariage par
« lequel ils aient disposé autrement, il se forme
« de tous leurs biens, quels qu'ils puissent être,
« meubles et immeubles, apportés, hérités, ac-
« quis, une masse ou communauté, dont, le cas
« de dissolution du mariage arrivant, le mari ou
« ses représentans tirent les deux tiers et la femme
« ou les siens l'autre tiers. L'autre point de cette
« Coutume est que quand un chef de famille
« meurt et qu'il y a deux enfans, le plus jeune
« fils, ou s'il n'y avait pas de garçon, la plus
« jeune des filles a, par préférence, la maison
« mortuaire sur le pied d'une estimation qui se
« fait par experts. * »

Au surplus, le Droit romain est suivi en Alsace, en tant qu'il n'est pas contraire aux statuts et usages locaux : nous disons même communément que notre province se régit par le Droit écrit; mais on s'en est écarté en deux points essentiels.

« Le premier est que, contre la disposition de
« la Novelle 118, les père ou mère survivans
« succèdent en plein à leurs enfans qui meurent
« *ab intestat* et sans laisser de descendans.

« Je ne connais que la ville de Sélestatt où

---

* Voyez ci-après l'article Ferrette.

« cela ne soit pas, mais c'est tout le contre-pied,
« car les frères et sœurs y excluent le père et la
« mère de la succession de leur frère ou sœur. » *

Si dans d'autres endroits, je n'en connais pourtant point, le Droit écrit est suivi pour ces sortes de successions, ce ne peut être qu'en vertu de statuts ou d'usages exprès.

Le second point, en quoi le Droit romain n'est pas suivi en Alsace, c'est au regard *des peines des secondes noces.*

Je ne sais par quelle fatalité la loi *hâc edictali* et celles qui ont rapport à la matière que cette loi traite, sont abrogées dans une province de Droit écrit, tandis que dans tout le reste de l'Europe, même dans les états, ou provinces de Droit coutumier, les secondes noces ne sont pas impunies.

Nous avons à ce sujet des arrêts : je puis en citer un entr'autres qui a confirmé le contrat de mariage d'une femme qui, se mariant après cinq

---

* Nous pensons que cette exclusion des père et mère ne doit s'entendre que dans le cas où leur mariage était régi par le système de la dévolution (voyez l'article Sélestat ci-après); mais que lorsque les époux s'étaient soustraits à la dévolution par leurs conventions matrimoniales, ils rentraient dans l'exception presque généralement faite dans notre province, à la Nov. 118, et que les principes dévolutionnaires ne pouvant être appliqués à ces père et mère, ils héritaient de leur enfant mort *ab intestat* et sans descendans, à l'exclusion de ses frères et sœurs.

ou six semaines de veuvage, avait fait plusieurs avantages à son second mari. *

Notre province faisait autrefois partie de la Gaule : César et Tacite, s'accordent à fixer les bornes de la Germanie au Rhin, qui la séparait des Gaules. Je ne doute point que pendant tout le temps que les Gaules ont été libres, l'Alsace, divisée comme le reste de ce vaste État, en plusieurs petits peuples, qui formaient autant de républiques confédérées, n'ait eu les mêmes usages, les mêmes mœurs que le reste des Gaules, tels que César les a décrits.

Les Romains subjuguèrent les Gaules : César la divisa en trois parties.

Un écrivain qui a travaillé sur l'histoire de notre province, dit que la Haute-Alsace, faisait partie de la Gaule celtique, et que la Basse, était de la Gaule belgique.

Nous supposons que les Romains, qui ont possédé les Gaules pendant près de cinq siècles, y ont fait observer leurs lois. Les Francs, selon quelqu'apparence, introduisirent à leur tour les usages qu'ils avaient apportés de l'Allemagne, dont ils étaient originaires : je dis selon quelqu'apparence, car des auteurs Allemands soutiennent que les Gaulois, ou si l'on veut, les Français

---

* Quelques années après la date de cette lettre, le 16 novembre 1743, la déclaration du Roi, du 12 octobre précédent, concernant les secondes noces, fut enregistrée au Conseil souverain d'Alsace. Voyez les ordonances d'Alsace, tome 2, page 252.

avaient dans les premiers siècles de notre monarchie, la liberté d'être régis par leurs usages, ou par le Droit romain.

Notre province prit une toute autre face, vers le millieu du 10.ᵉ siècle, qu'après différentes révolutions, elle demeura enfin à l'empire d'Allemagne, sur lequel la France ne l'a recouvrée, que par le traité de Munster.

Pendant ce dernier intervalle de temps, il se forma dans l'Alsace, comme dans le reste de l'Empire, une infinité de petits souverains indépendans les uns des autres, quant au gouvernement intérieur, mais tous soumis au corps germanique et à l'Empereur, qui en est le chef, j'entends par leur Etat d'Empire. La province se peupla de gentilshommes, qui prétendaient jouir à peu près des mêmes droits.

Dans la première classe étaient les évêques de Strasbourg et de Spire; les abbés princes de Murbach et de Lure, l'abbesse princière d'Andlau, le prévôt, prince de Wissembourg, l'abbé de Munster, la ville libre et impériale de Strasbourg et les dix autres villes libres et impériales de la préfecture de Haguenau, qui étaient Haguenau, Colmar, Sélestadt, Wissembourg, Landau Oberenheim, Rosheim, Munster, Keysersberg et Turckheim; le comte Palatin de la Petite-Pierre, le comte de Hanau, le comte de Linange et le baron de Fleckenstein.

La seconde classe était composée de plusieurs gentilshommes de la Basse-Alsace, qui formaient un corps appelé la noblesse immédiate de la Basse-Alsace, et qui prétendent avoir joui autrefois de la même supériorité territoriale, dont jouissent les vrais Etats d'empire.

Tous ces Etats d'empire, si on en excepte quatre villes et les abbayes de Murbach et de Lure, étaient en Basse-Alsace. La Haute appartenait presqu'en entier à la maison d'Autriche, qui l'avait acquise par le mariage d'Albert d'Autriche, Empereur de ce nom, avec Jeanne fille du dernier comte de Ferrette.

L'histoire ne nous instruit pas bien au reste en quel temps tous ses Etats se formèrent; néanmoins l'époque de leur accroissement peut se fixer au temps de ce fameux interrègne qui précéda l'élection de Rudolphe de Habsbourg.

Il est aisé de concevoir que les Usages et les Coutumes locales, n'ont pu être les mêmes dans un si grand nombre de mariages. On ne pouvait, quant aux secondes noces, assez se récrier sur une jurisprudence que les Allemands regardaient comme l'écueil de la liberté et le frein de l'inconstance, dont ils accusent la nation française; sans prétendre décider de la préférence entre des maximes aussi opposées, je pense qu'elles ont chacune leur justice en particulier, s'il m'est permis de parler ainsi, et qu'elles n'ont rien qui ne convienne aux mœurs et aux usages des pays où elles sont reçues.

Je ne suis point surpris qu'en France, où l'on fait une différence des biens acquis et des biens de famille, et où ceux de la seconde espèce sont une sorte de *fideicommis*, dont le possesseur ne peut tester, on ait à cœur l'exécution des contrats de mariage, par lesquels deux familles stipulent plus à leur avantage, qu'au profit des conjoints.

Dans une partie de la France, les conjoints sont inhabiles à se faire des avantages, même par disposition à cause de mort, surtout de la part d'une femme à l'égard de son mari, qui s'est chargé ordinairement de remplacer à la famille de sa femme, plutôt qu'à sa femme même, les biens qu'il a reçus d'elle et qu'il aliène; mais en Alsace, nous ne connaissons pas cette espèce d'esclavage des conjoints envers leurs familles, encore moins la distinction des propres et des acquêts, des biens paternels et des biens maternels; le Droit écrit permet à nos époux de se faire des avantages par donation, à cause de mort, testament ou autres actes de pareille nature.

Leurs conventions matrimoniales doivent les concerner uniquement, et comme c'est à charge de ces conventions qu'ils se sont unis, pourquoi ces conventions auraient-elles le privilège d'être indissolubles, au point que les contractans ne les pourraient eux-mêmes résilier; par quelle raison des familles, qu'un mariage n'intéresse que médiatement, seraient-elles autorisées à gêner les conjoints et à leur succéder malgré eux? Je l'avoue, si un contrat de mariage contenait des conventions, qui concernassent d'autres que les conjoints; par exemple, s'il s'y trouvait une adoption, avec quelque substitution faite par autre que par les conjoints, en ces cas, ces stipulations ne se pourraient dissoudre, par la seule volonté des conjoints; il faudrait que ceux qui y ont stipulé avec eux concourussent à l'abrogation de ces stipulations; mais la maxime n'en est que plus affermie par cette exception, car je ramène toujours les choses à ce point de vue, que toutes conventions se peuvent dissoudre du consentement des contractans; d'où il suit, que quant aux clauses d'un contrat de mariage qui forment des engagemens entre les conjoints où l'un d'eux, et une ou plusieurs personnes tierces qui stipulent dans l'acte, elles ne peuvent souffrir d'atteinte que toutes les parties stipulantes ne les révoquent.

De vous dire, Monsieur, quand et par quels motifs cette abrogation des peines des secondes noces a pris faveur, c'est ce que je ne puis. J'ai ouï d'anciens praticiens dire qu'elle était assez nouvelle : mais enfin elle est constante ; aussi rien n'est plus fréquent en Alsace que les remariages et par une suite nécessaire, rien de plus commun que de voir les enfans d'un premier lit immolés à la passion de leur père ou mère, et à la cupidité de leur parâtre ou marâtre.

Ce que je vous ai observé sur l'autorité qu'a en Alsace le Droit romain, mérite que je raconte que ce Droit a été, selon l'opinion, reçu en Allemagne au 12.ᵉ siècle, et ce vaste État n'étant pas sans loi auparavant, l'Alsace, comme les autres provinces de cet empire, aura conservé une partie de ses anciens usages, qui se seront maintenus, les uns par le simple exercice et par la tradition, les autres par la rédaction de ces coutumes; delà je pense, vient cette bigarure de nos lois.

Je passe sur d'autres articles moins importans, par exemple, il est bien des endroits où le retrait lignager a lieu et ainsi de quelques autres usages dérogatoires du Droit romain.

Ce que je viens d'observer suffit pour vous donner une idée des lois et des usages de l'Alsace; ne soyez pas surpris de n'en voir rien dans le *Coutumier général*, les statuts des différentes parties de l'Alsace, n'ont jamais été traduits que par extraits, à mesure que les plaideurs, qui se fondaient sur quelques articles, les ont produits.

La seconde question que vous me proposez, Monsieur, paraîtrait avoir du nouveau, dans les autres provinces du royaume, où il est passé en maxime que les contrats de mariage ne peuvent se changer, que les lois que deux familles se donnent, sont immuables; mais nous vivons dans de tous autres principes et nous tenons pour incontestable que « les conjoints peuvent, sans
« requérir le consentement de leurs familles,
« casser, changer leurs conventions matrimoniales;
« que n'en ayant fait aucune en se mariant, il
« leur est libre d'en arrêter après 10, 20 années
« et plus de mariage. Qu'après avoir passé contrat

« de mariage, ils peuvent y faire tel changement,
« y apporter telle modification qu'ils jugent à
« propos; les casser, puis en faire de nouveaux,
« soit sur le champ ou dans la suite, même ne
« plus en faire du tout, auquel cas leur union
« est sensée réglée par la Coutume locale, comme
« si jamais il n'y avait eu de contrat de ma-
« riage. »

Tout cela ne vous paraîtrait-il pas surprenant, un usage aussi extraordinaire ne vous choquerait-il pas ? Je pourrais, Monsieur, par représailles vous dire que rien ne nous paraîtrait plus particulier, que de vouloir asservir les conjoints à exécuter leur contrat de mariage, quand ils s'accordent à ne vouloir point s'y conformer; et si l'on voulait dire, en Alsace et en Allemagne, que les Français ne peuvent changer leurs contrats de mariage, n'y ayant point de substitution formellement exprimée, on vous demanderait le motif raisonnable de cette prohibition.

L'usage des changemens ou renonciations aux contrats de mariage est si certain, qu'il n'y a en Alsace étude de notaire ou de tabellion d'où l'on ne puisse tirer quantité de ces actes dérogatoires, assez souvent on stipule même à la fin d'un contrat de mariage qu'il est libre aux conjoints de le changer, ou de l'annuller; mais cette clause est surabondante, et quand elle ne se trouve pas exprimée, elle est suppléée de droit.

Je finis cette matière en vous faisant part d'un cas qui est arrivé depuis peu:

Nous ne doutons pas qu'un aubain ne puisse recevoir des avantages par des conventions matrimoniales, où il est partie.

Un Savoyard épouse une fille d'Alsace; ils passent contrat stipulatif de réserve des biens de la femme. Celle-ci tombe malade et son mari ne se voyant point de biens, n'ayant rien apporté, rien acquis, l'a portée à casser leur contrat de mariage. Elle meurt ne laissant point d'enfants. Le Savoyard prétend que sa condition doit uniquement se régler par la coutume du lieu du domicile; que n'y ayant point de contrat de mariage, il doit emporter les deux tiers de la masse, ou communauté générale des biens, en vertu de la Coutume de Ferrette. Les parents de la femme lui objectaient la pérégrinité et la fraude que la cassation de son contrat de mariage faisait à la loi de l'aubaine. Il y eut appel : la cause fut appointée, mais on prévint la décision du procès par une transaction qui fut à l'avantage du Savoyard.*

Le troisième point sur lequel vous demandez, Monsieur, quelques notions, c'est le droit de dévolution. Je vous préviens que ce droit n'a lieu qu'à défaut de contrat de mariage qui contienne des stipulations exclusives de ce droit et que les conjoints, domiciliés dans les villes où

---

* Voyez l'arrêt notable sur une question d'aubaine, rendu par le Conseil souverain d'Alsace le 28 septembre 1737, et rapporté au 3.ᵉ volume des arrêts publiés par M. de Corberon.

ce droit s'observe, ont la faculté, comme dans le reste de l'Alsace, de changer ou de casser leurs conventions matrimoniales.

« Ce que nous appelons droit de dévolution, « consiste principalement en ce qu'arrivant la dis-« solution du mariage par la mort d'un des con-« joints, tous les biens immeubles de quelque « nature qu'ils puissent être, et par quelque voie « qu'ils soient parvenus aux deux conjoints, sont « dévolus propriétairement aux enfans. Le sur-« vivant d'autre côté conserve en propriété la « totalité des meubles et l'usufruit viager des « immeubles; mais il est chargé de payer les dettes « mobilières et les intérêts des autres, d'entretenir « les enfans, et de leur donner, quand ils se « marient, une espèce de dot » qui n'est presque rien; car vous pouvez compter, Monsieur, que dans ce pays-ci communément les pères et mères suivent au pied de la lettre le conseil d'usage: *melius est te rogare filios, quàm respicere in manus filiorum.*

STATUTAIRE D'ALSACE,

OU

RECUEIL

DES ACTES DE NOTORIÉTÉ

FOURNIS EN 1738 ET 1739

A M. DE CORBERON.

DÉVOLUTION.

La Dévolution est un droit statutaire qui, à défaut de pactions et conventions matrimoniales contraires à ce droit, régissait les unions conjugales dans les villes de Colmar, Sélestadt, Turckheim, Keysersberg, Munster-au-Val de St.-Grégoire, Wissembourg et Landau.

M. Bruges, dans sa lettre que nous venons de rapporter, nous apprend que la dévolution attribue aux enfans la nue propriété de tous les biens immeubles existans au prédécès de l'un des époux, soit qu'ils proviennent de leurs apports en mariage, soit qu'ils leur soient avenus durant leur union, ou qu'ils les aient acquis pendant l'existence de leur communauté; que cette propriété est néanmoins grévée de la charge de l'usufruit viager, au profit de l'époux survivant auquel le droit dévolutionnaire donne en outre la propriété de la totalité des meubles.

On remarquera ci-après aux articles des susdites villes, les variations qu'elles ont adoptées pour la dévolution, tout en en adoptant les principes essentiels et fondamentaux.

Nous croyons devoir prémunir nos jeunes confrères contre la doctrine d'un arrêt de cassation du 10 nivôse an 13. Voyez le journal des audiences de cette Cour, par DENEVERS, tome de l'an 13, page 159 et le troisième tome du journal de JOURDAIN, page 10.

Nous ferons remarquer d'abord que cet arrêt, qui a cassé celui de la Cour de Colmar, du 11 prairial an 10, n'a prononcé cette annullation que *dans l'intérêt de la loi*, et que, quoique rendu sur le réquisitoire d'un jurisconsulte dont la France s'énorgueillit, la cassation a été prononcée *inauditâ alterâ parte*; qu'enfin, cet arrêt est unique.

Nous devons ajouter que le principe que

cet arrêt admet : savoir, que l'esprit de la loi du 8 avril 1791, et du décret de la Convention nationale du 18 vendémiaire an 2, a été spécialement d'abolir les Coutumes de Dévolution, est erronnément appliqué aux mariages dévolutionnaires contractés sous l'empire de notre ancienne législation. La Cour de cassation a annullé l'arrêt de la Cour de Colmar, en considérant « que les « transmissions de biens, laissées sous la puis- « sance de la loi, doivent se régler suivant la « loi en vigueur au moment où s'opèrent ces « transmissions. » Ce motif est juste, mais il a été faussement appliqué et pourquoi ? Par ce que la Cour de cassation a admis, que dans les unions régies par la Dévolution, la propriété des immeubles n'était transmise aux enfans qu'au moment du décès du prémourant des auteurs de leurs jours.

La Cour de Colmar a toujours été bien éloignée d'adopter cette doctrine, elle a au contraire, constamment considéré, depuis ledit arrêt de cassation, ainsi qu'elle l'avait fait antérieurement, que « le droit de dévolution est acquis aux en- « fans du jour du mariage; que ce n'est point à « titre de succession qu'ils en recueillent l'effet, « mais bien à titre de pacte matrimonial et de « communauté; qu'à la vérité, le statut réservant « aux conjoints la faculté d'aliéner durant la « communauté, c'est-à-dire, durant le mariage, « tout ou partie de leurs immeubles, les conjoints « peuvent paralyser l'effet du droit de dévolution,

« mais que cette faculté ne peut être considérée
« que comme une réserve, une condition, qui
« ne change pas la nature du droit en lui-même
« et ne transforme pas en droit de succession
« ce qui, d'après le texte comme d'après l'esprit
« du Statut, est une véritable donnation contrac-
« tuelle en faveur des enfans à naître, ou plu-
« tôt une stipulation de communauté ; qu'en
« d'autres termes, ce droit de dévolution n'est
« autre chose qu'une donation des biens présens
« et avenir (qui se trouveront encore existans au
« moment de la dissolution du mariage) faite par
« les époux qui se soumettent au Statut, en
« faveur des enfans à naître de leur union, avec
« réserve de la faculté laissée aux époux d'alié-
« ner ou d'hypothéquer lesdits immeubles durant
« leur mariage.
« La Cour a considéré encore, que la loi du
« 8 avril 1791, ne pouvait régir rétroactivement,
« des mariages dévolutionnaires, contractés avant
« sa publication, et ce, d'autant moins que les
« lois de l'an 2 et de l'an 5 sur les successions,
« loin d'avoir porté aucune atteinte aux donations
« contractuelles, en ont au contraire formellement
« maintenu l'effet; que l'art. 13 de la loi du 17
« nivôse an 2 maintient par une disposition
« expresse, à l'égard des conjoints, les Statuts
« et Coutumes établis dans certains lieux; qu'il
« en est de même à bien plus forte raison, lorsque,
« comme dans l'espèce, les conjoints ont, par
« une clause expresse, stipulé que tel Statut mu-

« nicipal réglerait leur union; (l'absence de toute
« convention ou stipulation dérogatoire au Statut
« est une preuve évidente que les époux s'y sont
« soumis), que dès-lors ce Statut, ainsi obliga-
« toire pour les conjoints, l'est par cela même
« pour les enfans, puisqu'il est indivisible dans
« sa disposition comme dans son exécution; que
« ce Statut est non une loi de succession, mais
« uniquement une loi de communauté; que l'art.
« 1.er de la loi du 18 pluviôse an 5 est plus
« positif encore, puisque sa disposition est géné-
« rique, qu'elle n'est pas restreinte aux seuls
« conjoints et qu'elle maintient nommément les
« avantages, prélèvemens, préciputs, institutions
« contractuelles et autres dispositions irrévoca-
« bles de leur nature, légitimement stipulées en
« ligne directe, avant la publication de la loi
« du 7 mars 1793. »

Voyez entr'autres arrêts, celui du 20 août 1814, au journal de JOURDAIN, tome 10, page 289.

Nous ferons remarquer encore, qu'après la dissolution du premier mariage dévolutionnaire, rien n'empêchait que l'époux survivant, convolant en secondes noces, cette nouvelle union fut régie par le Statut de la Dévolution, si telle eut été la volonté des époux.

La Cour de Colmar la jugé ainsi par un arrêt récent rendu cette année ci, entre les héritiers de Régis Rohmer de Sélestadt, puisqu'elle n'a rejeté la seconde dévolution que par le motif que lesdits héritiers avaient consenti un partage entre eux fait pardevant notaire et conformément aux lois nouvelles, et que ce partage avait été sanctionné par un jugement passé en force de chose jugée.

Nos jeunes confrères nous permettront de leur recommander de se familiariser avec notre Dévolution statutaire, en considérant que pendant bien des années encore nos tribunaux auront à s'en occuper.

COLMAR.*

TITRE XXVI.

DES SUCCESSIONS ENTRE PÈRE ET MÈRE ET LEURS ENFANS.

Des réserves dévolutionnaires, ou de ce qu'on nomme DÉVOLUTION.

« Comme nous et nos bourgeois avons été main-
« tenus jusqu'ici dans nos libertés, franchises,
« Us et Coutumes, par les Empereurs et Rois de
« pieuse mémoire, et que nous avons tenu pour

---

* Notre manuscrit ne contient rien concernant cette ville, sans doute parce que M. de Corberon savait que ses Statuts étaient imprimés et se trouvaient de son temps dans toutes les bibliothèques : mais ces exemplaires devenant tous les jours plus rares, nous avons cru devoir en donner ici quelques extraits.

« usage constant, dans le cas où les conjoints
« n'ont fait aucun pacte ni convention particulière,
« que la dissolution de leur mariage arrivant par
« la mort de l'un d'eux, et que ces époux délais-
« sent des enfans de leur union, tous les biens
« immeubles et sortans nature d'immeubles, soit
« dans notre ville et son ban, soit hors d'icelui,
« sont dévolus propriétairement auxdits enfans,
« qu'il y en ait peu ou beaucoup, et ce suivant
« notre jurisprudence; cependant avec réserve
« de l'usufruit en faveur du conjoint survivant sa
« vie durante, à moins qu'il ne s'en rende indigne
« de l'une ou de l'autre manière spécifiée ci-après;
« nous avons laissé les choses quant à ce sur le
« pied ci-dessus réglé. A la mort du dernier sur-
« vivant des époux, les biens de la Dévolution
« aviennent aux enfans, francs et libres, comme
« ils se trouvent et se comportent, avec le mobi-
« lier (Hausrath) et les fruits pendans, et s'ils
« ne veulent pas hériter du surplus de ce que le
« le survivant décédé délaisse, lesdits enfans ne
« seront pas tenus de payer les dettes. »

Ce que l'on doit entendre par biens immeubles dévolus aux enfans.

« Ce sont tous les immeubles, quelle que soit leur
« dénomination : les rentes perpétuelles et non
« rachetables foncières, soit en argent, soit en
« grains, ou en vin, tout cela est soumis à la
« Dévolution; mais ce qui est rachetable appartient
« aux meubles. »

L'article suivant précise les cas où le survivant père ou mère perdait, par sa mauvaise conduite, l'usufruit des immeubles de la Dévolution.

Un autre article détermine quand et pourquoi l'époux survivant pouvait être autorisé par justice à hypothéquer les biens de la dévolution, même à en aliéner une partie; le cas enfin où les créanciers pouvaient attaquer ces biens.

Un article suivant, règle le mode de jouissance ou d'usufruit réservé au conjoint survivant, des biens de la Dévolution.

De la succession dans les biens de la Dévolution.

« Dans le cas où l'un ou plusieurs des enfans
« au profit desquels les biens sont dévolus vien-
« draient à décéder sans délaisser des enfans, les
« susdits biens dévolus audit défunt retomberont
« (en toute propriété) à son père, ou à sa mère;
« mais si l'enfant au profit duquel il y a dévolu-
« tion ouverte, décédant avant son père, ou sa
« mère, délaisse un ou plusieurs enfans, la part
« dévolutionaire dudit défunt aviendra à ses en-
« fans à l'exclusion de ses aïeux et aïeules. Mais si
« tous les enfans légitimes et tous les petits enfans
« décèdent avant leur aïeul ou aïeule, alors le
« survivant de ceux-ci, qui d'ailleurs aurait con-
« servé la jouissance dévolutionaire, héritera des
« biens dévolus et non pas le père ou la mère
« survivant le susdit leur enfant, encore moins

« ses autres ascendants et collatéraux hériteront-
« ils des biens dévolus. »*

« Dans le cas où des enfans qui seraient mariés,
« décéderaient du vivant de leur père ou mère,
« sans délaisser des enfans ni descendans, et que
« le père ou la mère de ces défunts eussent en-
« core l'usufruit des biens dévolutionaires, ce sera
« ce père survivant ou cette mère qui en héri-
« tera, et ce à l'exclusion du conjoint survivant
« du défunt enfant dévolutionaire, à moins toute-
« fois qu'il n'ait été stipulé et réglé autrement
« par le contrat de mariage. »

De la succession dans les biens des aïeux.

« Les petits-enfans des divers mariages héritent
« de leur Dévolution grand paternelle ou grand
« maternelle, à moins que leurs père et mère
« n'aient fait des conventions particulières, ce
« qui leur est permis d'après le droit commun ;
« ces petits-enfans héritent dans le susdit cas par
« tête et par égale portion. »

De la succession dévolutionaire ouverte durant le mariage.

« Lorsqu'une Dévolution paternelle ou mater-
« nelle s'ouvrira dans un second, ou un ultérieur
« mariage, et que de ce dernier mariage il n'y
« aura pas d'enfans, mais qu'il n'en existera que

---

* On remarque que dans ce cas les biens d'évolutionnaires retournaient à leur source ; et cela était de toute justice.

« du mariage précédent, les biens du conjoint,
« de quelque ligne qu'ils proviennent, seront
« francs, propres et non dévolus, et les époux
« pourront de leur vivant en jouir, user et dis-
« poser à volonté; mais ceux de ces biens encore
« existans au décès du conjoint auquel ils sont
« avenus, seront partagés par tête entre le con-
« joint survivant et les enfans, et l'un des époux
« ne pourra donner à l'autre, sans la permission
« du magistrat, au-delà d'une part d'enfant.
« Décrété le 1.er de novembre 1603. »

« Item : il a été statué et ordonné que les dis-
« positions quelconques concernant les susdits
« biens grand-paternels ou grand-maternels ne
« pourront avoir lieu que du su et de l'approba-
« tion du magistrat, et ce à peine de nullité ab-
« solue de ces dispositions. Décrété le 21 février
« 1624, et remis en expédition aux tribus. »

Des héritiers descendans.

« Les enfans légitimes héritent de leurs père
« et mère, fils ou filles, quel que soit leur nombre
« et sans distinction et par tête. »

« Ils héritent de leurs aïeux par représentation
« de leur père ou mère décédé, et alors ils pren-
« nent ce que ceux-ci auraient pris, et viennent
« par branche dans les successions de leurs aïeux
« jusqu'au septième dégré inclusivement, et ce
« à l'exclusion des ascendans du défunt. »

Des héritiers ascendans.

« Si des enfans décédent sans enfans ni autres

« descendans d'eux, leurs père et mère survivans,
« ou l'un d'eux, hériteront, conformément à nos
« Statuts, de tous les biens, dévolus ou non
« dévolus de leur enfant décédé. Si ce dernier
« ne délaisse ni père ni mère, mais un aïeul,
« ou une aïeule, ou tous les deux, et en même
« tems des frères et sœurs, soit germains, soit
« d'un seul lien, ces derniers concourent à ladite
« succession par tête avec les aïeux; mais les
« cousins dudit défunt ne concourent avec ses-
« dits frères et sœurs que par branche. »

« A défaut de frères ou sœurs du défunt, ses
« aïeux excluent ses cousins germains. »

Des successions collatérales.

Le Statut n'accorde aucun privilège au double lien, hors le cas où le frère consanguin ou utérin du défunt fut un étranger, et que dans son pays le privilège du double lien eut lieu.

Nous nous bornerons à cet extrait en renvoyant nos lecteurs au statutaire imprimé.

SÉLESTADT.

LETTRE

DU MAGISTRAT DE SÉLESTADT

A M. DE CORBERON,

Du 15 janvier 1739.

MONSIEUR,

Nous avons l'honneur de vous adresser tout ce que nos archives nous ont fourni en fait de Statuts et Réglemens qui servent à la décision des contestations d'entre nos habitans : nous avons l'honneur d'y joindre un petit mémoire qui explique leur nature, et d'être, etc.

LE MAGISTRAT DE SÉLESTADT.

La ville de Sélestadt est régie par le droit de la Dévolution, ainsi qu'il paraît par les lettres patentes de l'Empereur Charles, du 1.er mars 1521, et un résultat du Magistrat et Conseil du 15 mars 1553, tirés d'un recueil des privilèges de la ville de l'année 1556, et servant de Statuts en ladite ville.

Comme il y a nombre de cas concernant le même droit de dévolution qui ne sont pas expliqués par ces actes, et il y a même différemment d'observés à Sélestadt qu'en d'autres villes également régies par le droit de dévolution, le Magistrat en a fait faire une recherche dans ses archives, pour découvrir quelques autres pièces ou Statuts par écrit au sujet du droit en question, sans en avoir trouvé aucun; de sorte qu'il n'y a que l'usage qui guide les juges dans la décision de certains cas, et au regard des autres ils ont recours au droit écrit.

« Le principal cas que l'usage a établi en la
« manière de succéder dans les biens dévolus à
« Sélestadt, est que lorsqu'un des enfans, aux-
« quels sont dévolus les biens, vient à décéder,
« sa part auxdits biens advient, par accroissement,
« à ses frères et sœurs, à l'exclusion du père
« ou de la mère survivant, et tout au contraire
« de ce qui se pratique en la ville de Colmar,
« où le survivant, c'est-à-dire le père ou la mère
« des enfans qui ont des biens dévolus, hérite la
« part et la portion de l'enfant décédé à l'exclu-
« sion de ses frères et sœurs. »

Il y a un autre cas que l'usage paraît décider, mais qui n'est point sans exception; il dit que
« le survivant paie les dettes courantes, ayant
« la totalité des meubles; et celles faites pour
« raison des biens dévolus se prennent sur les

« mêmes biens, ou ceux acquis par la Dévolution, « parce qu'elles sont à la chose, et font pour ainsi « dire un accessoire du principal. »

Cette règle a toujours fait partie du droit de Dévolution ou des Statuts à Sélestadt; mais elle n'est pas, comme dit est, sans exception.

1.° Le droit de dévolution a pour objet l'équité et la bonne foi, propriétés de toutes les lois. 2.° Parcequ'il a été introduit bien plus en faveur des enfans, que des pères et mères; car il a oté au survivant la disposition de son propre bien pour l'assurer aux enfans. 3.° Qu'il répugne en quelque façon aux secondes noces et semble en détourner le survivant, puisqu'il ne peut faire aucun avantage à sa future épouse, quant aux immeubles, sans la permission du juge. 4.° Qu'il fait vivre et subsister honnêtement le survivant et assure les biens aux enfans, le premier ayant la jouissance des biens dévolus et la pleine disposition des meubles, et les autres la sûreté sur les mêmes biens dévolus.

Il arrive souvent que lorsque la masse mobilière et la jouissance des immeubles sont si médiocres que le survivant n'est pas en état de payer les dettes courantes, sans se priver du nécessaire, ces mêmes dettes sont prises sur les biens dévolus et réciproquement quand les meubles sont considérables en argent comptant, dettes actives, grains, vin, etc., et qu'il n'y a que peu de biens-fonds, en sorte que si la Dévolution ou le dévolutionnaire était obligé de payer les dettes hypothécaires, il verrait la meilleur partie des biens dévolus absorbée, ces dettes sont payées, quelquefois en tout, quelquefois en partie de la masse mobilière. La raison en est naturelle; le droit de dévolution ayant pour principe la bonne foi et la simplicité des anciens citoyens; l'envie de convoler en secondes noces fait oublier à l'un des conjoints que ce droit est établi en faveur des enfans et pour se procurer les moyens de faire plus tard des avantages considérables à leur futur conjoint, ils mettent de leur avoir le plus clair en effets mobiliers, sans faire acquisition d'immeubles, ou sans payer les dettes dont l'acquit frusterait les enfans de la succession du prédécédé.

Les Magistrats joignent encore ici un ancien règlement concernant la manière que les habitans sont tenus de bâtir et les contestations qui peuvent survenir en fait de servitudes, qui a toujours servi de Statut dans les jugemens rendus en pareil cas.

Suit la copie allemande du susdit Statut de dévolution 1521, que nous jugeons inutile de traduire ici d'après la transcription que nous venons de faire du mémoire ou de la notice fournie par MM. du Magistrat de Sélestadt.

Notre manuscrit contient encore un ancien décret du Magistrat contre un abus qu'un méchant usage avait introduit « gegen das Austragen. »
« Cet usage semblait autoriser l'un des conjoints,
« lorsque l'autre était à l'agonie, de faire trans-

« porter hors de la maison maritale, tout ce qu'il
« pouvait en enlever. »

Notre manuscrit contient enfin un réglement de 1509, concernant les bâtimens et constructions, et dont les dispositions ne peuvent plus offrir grand intérêt.

Le tout est certifié sous la date du 14 janvier 1739 par le Substitut de la Chancellerie de Sélestadt.

WISSEMBOURG.

La lettre du Magistrat de Wissembourg à M. de Corberon est du 9 décembre 1738.

De l'ordre des Us et Coutumes des successions à Wissembourg. *

Avant toute chose et en premier lieu, là où quelqu'un a maison et biens et est établi et décédé, la succession et l'héritage y sera poursuivi en justice et en nul autre endroit, à moins que les deux parties conviennent d'un juge; quel qu'il soit, le juge n'aura pouvoir de faire tout cela pour convenu. **

De même au cas qu'il échût ailleurs une succession, et que quelques biens fussent situés ici et qu'on voulut les poursuivre ici, l'on de-

---

* Ce que nous allons transcrire se trouve en français dans notre manuscrit : nous le copions fidèlement.

** Au lieu de *pour convenu*, il nous semble que l'on a voulu dire, *à moins que cela n'ait été expressément convenu par les parties.*

mandera le consentement : si la partie y consent cela aura force, mais si l'une des parties n'y consent pas, ni veut, on les renvoie pardevant le juge du lieu du décès.

A qui appartiennent les fruits des champs.

Item, les biens échoient dans la succession ainsi que l'on les trouve lors du décès avec tous les fruits, au temps que les fruits sont crus : mais au cas qu'il n'y eut point de fruits aux et sur les biens, quand la saison échoit, cela reste sur le pied ; excepté si les biens sont affermés. Pour la vendange ou pour la moisson, par nécessité à cultiver, pour la moitié ou pour le tiers, alors celui qui aura hérité lesdits biens laissera au fermier les fruits suivant que cela est stipulé.

Habits.

Quand un mari meurt, ou une femme décède, ou qu'ils soient morts tous les deux, il appartient indivis aux plus proches parents du dernier mort, ce qui est écrit ci-après, savoir : juste-au-corps, manteaux, voiles, mantes, juppons, bonnets, chemises, ce qui fait et a fait partie de l'habillement de chaque corps du mari et de la femme. Idem les ceintures d'argent, les bracelets, bagues d'or et d'argent et autres joyaux, soit chapelets ou autres, quel nom que cela puisse avoir et ce qui appartenait au corps d'un chacun.

Des biens immeubles.

Les pièces ci-après spécifiées sont réputées pour biens immeubles ; 1.° tous les biens en fonds comme terres labourables, prés, vignes et vin qui est encore pendant à la vigne lors du décès : de même les jardins, maisons, cours, moulins à moudre du blé et autres moulins, avec tous les bâtimens dressés ou attenants, qui y sont et qui dépendent dudit moulin.

Idem, toutes les rentes perpétuelles, comme rentes en grains, en argent et autres pareilles rentes en chapons et poules et ce qui d'ailleurs est perpétuel.

Les rentes foncières, celles non rachetables soient perpétuées pour biens immeubles. *Vid. Minsinger cent. obsér.* 69 *et Gail obsér.* 124. *n.° 3, liv. 3.*

Biens meubles.

Les biens meubles sont ceux qui suivent : tout argent-monnaie monnoyé, argent cru, argent de marc que l'ouvrier travaille, rentes rachetables, contrats et obligations; tout ce que l'on expose en boutique valant argent, savoir : épiceries, abeilles, cire et autres pareils effets. Outre cela la toile de lin ou de chanvre et autre que l'on expose en vente et sont à vendre, excepté si la pièce de toile est coupée, elle est un meuble meublant ou ustensile; de même les chariots, charrettes et autres attirails dépendants. Idem, tous les ouvrages de chaque métier, ce qu'un homme de métier a travaillé ou apprêté pour être vendu, ce qu'il veut apprêter pour vendre. Idem, toutes les charpentes qui ne sont pas encore dressées, soit maisons, écuries, pressoires, auges ou rateliers. Idem, les échalats, perches, traverses, fumier, tant que cela n'est point fiché, planté ou placé dans l'endroit où il doit être mis et quand même cela se trouverait même devant ou dans la vigne, lors du décès. Idem, foin, paille et tout le bois de chauffage ou autre. « Idem, les « Reiffling trouvés, qui sont encore en terre et « n'ont pas été arrachés, sont biens immeubles : « mais s'ils sont arrachés sont biens meubles. »

Idem, avoine, orge, épeautre, froment, seigle, pois, lentilles, naveaux, qui sont hors de terre, sont tous biens meubles. Idem, la viande fumée, le lard frais ou fumé, chevaux, vaches, veaux, porcs, poules, oies et canards sont aussi biens meubles.

Idem, les chantiers dans les caves, lesquels nous avons ainsi déclarés entre la *veuve de Lembach*, pour meubles. Idem, toute sorte de pierre, chaux, sable, qui n'est point employé à la maçonnerie.

Des biens reversibles.

« *Usufructuarius debet litem motam proprietario denonciare.* »

Quand quelqu'un a des biens dits verſehrte Güther, et que quelqu'autre vient et veut prétendre des rentes sur lesdits biens ou quelqu'autre droit, ledit possesseur ne doit point payer lesdites rentes desdits biens, mais prévenir celui à qui sont ces biens, et l'appeler pour l'aider à défendre ou à poursuivre le paiement des rentes qui appartiennent à cette sorte de biens.

Dans la construction de nouveaux bâtimens, l'usufruitier contribue un tiers et le propriétaire deux tiers aux frais.

Quand un bâtiment ou une maison doivent être réputés reversibles, remarquez bien que chacun est obligé de les entretenir en tuiles et en toit et en tout état ordinaire et accoutumé : mais au cas qu'une maison ou grange tombe ou voudrait tomber et que l'on ne puisse plus l'entretenir et conserver dans l'état ordinaire et accoutumé, sans qu'il y ait de la négligence de la part de celui qui doit l'entretenir, et qu'il faille construire un bâtiment nouveau, alors celui, qui devrait entretenir le bien dit verſehrt Guth n'est pas obligé de le construire seul, mais pour un tiers et celui à qui appartient le bien dévolutionnairement pour les deux tiers ; c'est là le Droit de la ville ; mais si quelqu'un veut bâtir pour ses plaisirs ou sans nécessité, lesdits bâtimens appartiendront aux anciens héritiers et ne seront pas donnés aux nouveaux.

Des meubles meublans et ustensiles.

Les tonneaux remplis sont des biens meubles ; les filets d'alouettes et les tricots sont meubles.
meublans

meublans. Toute vaisselle d'argent, d'or ou de vermeil, gobelets, tasses, médailles, plats et pots d'argent, salières, écuelles, lits, draps, coussins, couvertes, cottes, lits de plumes, draps de lit de dessus, traversins, bois de lit, paillasses, cordes dans les chalits, taies, essuiemains et tout le linge coupé. Tables, chaises, bancs, dossiers, pots, plats et toute vaisselle d'étain. Chaudrons poîlons et tous ustentiles de batterie de cuisine, comme tamis, chenets, pots d'airain et de terre, écuelles, bassines, assiettes, hachoirs, passoirs. Coffres, scies, mayes, haches, lorsqu'ils ne sont pas cloués, perches, tonneaux, échelles. Tous les outils dont chaque ouvrier se sert pour son métier. Tous les livres de Droit, canon et civil et autres livres de dévotion.

Toutes les choses clouées ou murées dans la maison y demeurent, *Affixa ædibu. pertinent ad ipsas et uti reserventur et cum ipsis ædibus pro venditis habentur.*

Il est encore à observer à l'égard des meubles meublans et ustensiles que les chevaliers, vassaux et Hausgenossen ont unaniment ordonné que les choses resteront sur le pied que les Magistrats, Echevins et Hausgenossen les ont réglées, suivant que cela a été produit par écrit pardevant la justice supérieure et les choses resteront sur le pied dudit écrit, lequel sera ainsi observé et enregistré au protocole de la justice, ainsi que cela est connu ici, et que cela a été publié aux chaires de la manière qu'il suit :

Des successions.

En premier lieu, quand un garçon et une fille se marient et qu'ils apporteront en mariage des meubles meublans et ustensiles et ce qu'ils en acquerront aussi ensemble, en cas que le mari vienne à décéder et qu'il laisse des enfans, tant que la femme ne convole pas en secondes noces, elle jouira des meubles et ustensiles et les gardera et ne sera pas obligée d'en rien donner aux enfants, mais en fera ce qu'elle trouvera bon être, néanmoins sans fraude : mais si le mari ou la femme les vend sans nécessité notoire, et qu'ensuite il se remarie, soit l'homme ou la femme, il sera obligé de rendre et donner aux enfans ou aux plus proches parents autant en argent; ce qui sera ainsi observé en toutes choses et envers un chacun ; mais aussitôt que la femme se remariera, elle sera tenue de donner les meubles meublans et ustensiles aux enfans ou aux plus proches parents de la part de leur père défunt, deux tiers de tous les meubles meublans, soit qu'il y en ait peu ou beaucoup, rien excepté.

Et à l'égard des biens immeubles, au cas que la femme en ait, il sera observé avec justice; le cas arrivant suivant la volonté divine, ce qui est prescrit par les Statuts, Us et Coutumes de la ville de Wissembourg.

Le cas arrivant que la femme décède avant le mari, les meubles meublans resteront aussi au mari et de la manière susdite, tant qu'il ne convolera pas en secondes noces : mais aussitôt qu'il se remariera, il sera obligé de donner les meubles meublans aux enfans, de la part de leur mère défunte, savoir : un tiers de tous lesdits meubles sans en rien excepter, et les immeubles resteront au mari, conformément aux Droits, Us et Coutumes de la ville de Wissembourg, et la loi ci-dessus écrite sera observée à l'avenir.

Lorsque deux personnes mariées n'ont pas d'enfans de leur mariage, lequel des deux décède, savoir : si c'est le mari qui vient à mourir avant la femme, tant que celle-ci ne convole pas en secondes noces, elle gardera les meubles et en jouira de la manière susdite : mais sitôt qu'elle se remariera, elle sera obligée de les donner ainsi qu'il est dit ci-dessus, savoir : deux tiers de tous les meubles meublans, rien excepté, et les biens immeubles resteront et demeureront suivant les Statuts et Droits municipaux de la ville de Wissembourg.

De même au cas que la femme décède avant le mari, les meubles meublans resteront aussi au mari de la manière susdite, tant qu'il ne se remariera pas : mais sitôt qu'il convolera en secondes noces, il donnera aux plus proches héritiers de la femme, un tiers de tous lesdits meubles rien excepté et jouira des biens immeubles, suivant les Droits, Us et Coutumes de la ville de Wissembourg.

Ces partages se feront en tous les changemens.

Quand deux personnes se marient, savoir : un

veuf et une veuve qui n'ont point d'enfans ou qu'il n'en provienne pas de leur mariage, ce qu'ils apporteront ou acquerront en meubles meublans, il en sera observé la même chose à leur égard; au cas que le mari survive à sa femme, il gardera alors lesdits meubles en la manière susdite, tant qu'il ne se remariera pas et lorsqu'il convolera en autres noces, il donnera le tiers de tous lesdits meubles aux plus proches héritiers de la femme défunte, et si au contraire la femme survivait au mari, elle donnera les deux tiers de tous les meubles aux plus proches héritiers du mari, aussitôt qu'elle aura convolé en d'autres noces et les biens immeubles demeureront suivant et conformément aux Droits, Us et Coutumes de la ville.

Lorsqu'un veuf ou une veuve survivent à leurs enfans et qu'ils se remarient, ils ne seront pas obligés de donner les meubles à leurs plus proches héritiers.

Quand une femme met les clefs sur la boîte et fait cession de biens et qu'ensuite elle acquiert ou hérite des biens de sa ligne, et que les créanciers la recherchent pour le paiement, elle n'est plus obligée de payer davantage dudit héritage, que le tiers de la dette; mais au cas qu'elle ait des enfans, et que les enfans héritent de la ligne de leur père, et que les enfans viennent à décéder, et qu'alors la mère hérite le bien, elle sera tenue de payer les deux tiers, parce qu'elle a hérité des héritiers de la ligne du mari, et elle ne sera chargée au-delà, ainsi que cela a été pratiqué d'ancienneté, et que c'est une bonne Coutume et que c'est aussi un Droit.

Toute succession doit tomber aux plus proches héritiers, lorsque le cas arrive après le décès du propriétaire et non pas du possesseur. *Hoc fit jure representationis ratione liberorum ad parentes, nam inter collaterates seu transversales illos representandi non habet jus representationis ultrà fratres fratrumque liberos.*

Que les cousins germains à l'avenir, à la place de leur père et mère, hériteront également avec les autres frères et sœurs, de leur père et mère et non pas plus loin, suivant la déclaration de Sa Majeté Impériale, à la date de l'Empire à Worms.

En l'année 1559, le 28 août l'ordre des successions publié en l'année 1511, a été réformé et a été statué, qu'à l'avenir aux petits-fils et petites-filles seuls et pas plus loin, à ceux seulement qui seront en vie, si leur père ou mère sont décédés, et qu'ensuite ces enfans décèdent aussi, les biens immeubles à eux laissés par le grand-père ou la grand'mère, provenans de l'un ou de l'autre aïeul ou à lui appartenans, seront dévolus au grand-père ou à la grand'mère qui vit encore, et leurs biens immeubles provenan d'eux ou à eux appartenans, seront dévolus e rerfehrt envers les petits-enfans, sauf néanmoins au grand-père ou à la grand'mère qui vivent encore la jouissance, suivant les Us et Coutumes de Wissembourg.

Mais comme cet ordre des constitutions et successions présentement renouvelé et publié a besoin d'une explication ou éclaircissement, il doit être entendu et observé ainsi qu'il suit, savoir :

Que lorsque les petits enfans survivent leur grand-père et grand'mère, les biens immeubles des grand-père et grand'mère défunts, provenans d'eux, sont propriétairement dévolus auxdits petits-enfans seuls, et ensuite des petits enfans, ils passeront héréditairement au père ou a la mère, qui cependant n'auront point de droit ni prétention aux biens grands paternels ou grands maternels, lesquels l'enfant n'aura pas survécu et l'usage de la ville et du Mundat, par ce moyen ne sera pas moins conservé, savoir :

Que l'orsqu'un des conjoints vient à décéder, auquel cas tous les biens immeubles sont dévolus à l'enfant, de manière que le survivant a, et conserve le domaine limitatif, dans les biens provenans de lui, c'est-à-dire, une propriété au domaine dont les enfans ou petits-enfans ne peuvent encore se louer d'aucun Droit de succession échu, et qu'ensuite les vieux ne peuvent pas aliéner ledit domaine ou propriété, autrement qu'en cas de nécessité extraordinaire.

Voici ce qui se paie pendant la viduité sur les anciens biens : ce qui compte pour ancien bien et pour bien nouveau.

- En l'année 1583, a été statué en la justice des chevaliers qui a été tenue, que lorsque les personnes qui sont en viduité, entreprennent d'attribuer l'argent avec lequel elles obèrent ou déchargent leurs biens qui sont chargés, et cela lorsqu'elles convolent en secondes noces, à leurs femmes ou maris successeurs, ou aux nouveaux enfans, dont il résulte toute sorte de difficultés et contestations; pour les prévenir les chevaliers, vassaux et Hausgenossen, statuent par les présentes, que ce qui sera à l'avenir acquitté par les veufs et veuves pendant leur viduité sur les anciens biens, tournera au profit des anciens enfans.

Quand on a acheté quelque chose en premières noces, cela sera néanmoins réputé pour ancien bien et sera un bien affecté, par conséquent dévolu aux enfans du premier lit, à moins que le survivant ne veuille que ce qui a été payé dans le second mariage, nonobstant qu'il ait été acheté pendant le premier mariage, soit regardé comme un bien nouveau; bien entendu que cela se fasse du consentement et par autorité du magistrat. Ainsi observé le 2 octobre 1620.

Constitution, Statuts et Réglemens faits en la justice tenue en l'année 1389.

Hoc jus non consistit in ratione, sed in fortunâ ergà matrimonium : quia tùm demùm res fortunæ committendæ ubi ratio in consilium adhibere possent atque hoc Wissemburgi jus benè cum ratione et consilio constitui potuit.

Que la Dévolution qui avait reposé sur la personne du millieu, après son décès, ne tombe pas en entier, mais seulement en partie sur le grand-père ou la grand'mère, qui vit encore, savoir : si le survivant est un grand-père, il tombe aux petits-enfans deux tiers et à la grand'mère, un tiers : si s'est une grand'mère, elle a un tiers et les petits enfans deux tiers; dont cependant, le grand-père ou la grand'mère a la jouissance.

Ce qui est dévolu aux enfans après le décès de la personne du milieu.

Quand la Dévolution doit parvenir à un tiers, on regarde, au cas du décès de père et mère, la personne du milieu qui a survécu.

La personne du milieu apporte son bien paternel ou maternel dévolu, mais non possédé d'un mariage dans un autre comme bien réservé, quoique le cas de Dévolution soit arrivé dans le premier mariage, et que son père ou sa mère n'y soient décédés. La personne du milieu fils ou fille porte ce bien d'un mariage à un autre: *nam apud hanc tertiam personam attenditur donec mortem parentum ejus supervenrit.*

Comme l'ordre et le règlement des successions qui a été fait en l'année 1511 par les Chevaliers, vassaux et Hausgenossen, et la déclaration ensuivie sur icelui en l'année 1559, nonobstant qu'il est assez clair en soi-même, a été néanmoins mal expliqué et interprêté par quelques-uns, et qu'ainsi il a besoin d'un éclaircissement, les Chevaliers, Vassaux et Hausgenossen le renouvellent et confirment et veulent par les présentes qu'il soit à l'avenir observé et entendu uniquement du cas lorsque la personne du milieu dite mittlere Person, survit au décès de l'un ou de l'autre de ses père et mère, et qu'ainsi elle hérite le bien dévolu suivant l'usage du Mundat; mais que la jouissance demeure au survivant; qu'avant la mort d'icelui la personne du milieu décède et laisse des enfans, qu'alors la Dévolution ne sera pas dévolue aux petits-enfans dans tous les biens-immeubles de leur grand-père ou grand-mère, comme auparavant à la personne du milieu, mais seulement la part de celui auquel la personne du milieu, savoir l'enfant, aura survécu et au grand-père ou à la grand'mère, encore survivant, demeurera les deux tiers ou le tiers à lui dû (ce qui s'entend par les mots provenant de lui) librement et propriétairement envers les petits-enfans, et il ne compétera à ceux-ci aucun Droit ou Dévolution sur les biens-immeubles délaissés par son grand-père ou sa grand'mère défunte, tant que la personne du milieu sera en vie, mais ne reposera sur personne autre que sur la personne du milieu tant qu'elle vivra; *quamdiù constat gradu proximiorem esse personam remotior excluditur.*

Sans avoir égard en quel mariage le père ou la mère soient décédés, sera vu d'un mariage à l'autre comme bien nouveau et sera toujours héritier le plus proche, suivant l'usage du Mundat.

Le bien dévolu est et demeure bien nouveau tant qu'il est dévolu, avec cette déclaration ultérieure, que seulement en ligne descendante, à cause d'un mariage dissout; la Dévolution a aussi lieu envers la personne encore vivante de laquelle les biens proviennent; mais en ligne ascendante et collatérale, à cause d'un mariage dissout, rien n'est encore décidé, et point d'autre Dévolution n'a lieu à l'égard de la personne encore vivante, ni envers ses parens, que lorsqu'il n'y a point d'enfans succédans *ab intestat* au défunt, et la jouissance reste à son conjoint survivant sa vie durante des biens immeubles; au surplus sans préjudice en tout autre cas des Us, Coutumes et Réglemens des successions observés depuis un tems immémorial, lesquels demeureront de toute manière dans leur vigueur et forme, et il sera jugé par le juge conformément à iceux, de même que cela s'est fait jusqu'à présent.

Après le mariage dissout les biens du père ou de la mère encore vivant sont aussi dévolus aux enfans. Les biens immeubles du conjoint survivant ne sont dévolus qu'envers les enfans, et non pas envers le père ou la mère, les frères ou les sœurs.

Lorsqu'un mariage se dissout et qu'il y a des enfans, tout le bien est dévolu aux enfans, et s'il n'y a pas d'enfans, en ce cas les biens-immeubles du défunt seulement sont dévolus aux père et mère, et au cas qu'ils ne soient pas en vie, aux plus proches parents, suivant qu'il est à voir au paragraphe suivant.

Quand deux conjoints procréent des enfans pendant leur mariage, et que l'un des conjoints vient à décéder, en ce cas tous les biens-immeubles que les deux conjoints ont possédés propriétairement, soit qu'ils aient été apportés en mariage, ou hérités, acquis, achetés, ou provenans à quel titre et de quelle ligne que ce soit, pendant et constant le mariage, sont dévolus aux enfans, et le survivant ne peut les aliéner qu'en cas de nécessité, (déclaration publiée en 1559); et la jouissance en appartiendra au survivant sa vie durante; à charge néanmoins de les entretenir en bon état et culture, sous peine d'être privé de la jouissance; ensemble la propriété de tous les effets mobiliers délaissés, dans lesquels sont compris les obligations, dettes, habits, joyaux, argent, vins, grains et la toile non coupée et autres choses suivant désignation particulière que la justice, appelée Staffel-Gericht, a par devers elle; par contre il est aussi tenu d'acquitter les dettes mobilières.

De secundis nuptiis ratione supellectilis.

Lequel conjoint survivant, en second lieu sitôt qu'il convole en secondes noces et non auparavant, est obligé de partager les meubles meublans et ustensiles, comme l'argenterie, la vaisselle d'étain, de cuivre, de fer, et les meubles, bois, tonneaux, cuves, pressoirs qui sont posés sur la surface de la terre, outils, plumes, toile de chanvre et de lin, ou draps coupés ou travaillés et autres pareilles, suivant qu'il est aussi porté au registre de la justice, et ce qui suivant l'usage du Mundat est compté pour meubles meublans et ustensiles; de manière qu'il en revient deux tiers au mari et un tiers à la femme. Cependant la quote-part des enfans leur est dévolue, et quand on convole en secondes noces, on est obligé de partager les meubles avec les enfans et non pas avant, et le mari porte ses deux tiers en second mariage.

Les frères et sœurs sont préférés au père et à la mère dans les immeubles. Les père et mère héritent les enfans pour ce qui est des meubles meublans et autres.

Et quoiqu'en troisième lieu un ou plusieurs des enfans viendraient à décéder pendant le vivant de l'usufruitier, la quote-part d'icelui à la Dévolution qu'il a sur les biens immeubles ne tombera pas sur le père ou la mère, qui sont encore en vie, mais sur les frères et sœurs de l'enfant défunt, sur leurs enfans tant qu'il y en aura en ligne descendante, et le père ou la mère n'aura aussi rien autre que les meubles meublans, ustensiles et habits et la quote-part dudit enfant défunt aux meubles meublans et ustensiles actuellement payée.

Lorsqu'un usufruitier, du tems de l'usufruit partage les meubles avec ses enfans, et qu'alors il meurt un enfant du vivant du père usufruitier, en ce cas les frères et sœurs du défunt n'héritent pas ladite part, mais le père comme usufruitier. Il en est autrement quand les meubles ne sont pas partagés, alors cela passe de frères et sœurs à frères et sœurs.

Il en est de même en quatrième lieu à l'égard du bien grand-paternel ou grand-maternel que les enfans ont hérité après le décès de l'un ou de l'autre de leur père ou mère et que là-dessus il en meurt un ou plusieurs (il n'importe que le bien que l'enfant délaisse soit paternel ou maternel) tant qu'ils laissent des frères ou sœurs, ou des enfans d'iceux, il n'échoit au père ou à la mère, qui est encore en vie, par ledit décès que ce qui lui revient des meubles meublans et habits, ainsi qu'il est dit ci-dessus, et rien des immeubles.

Mais en cinquième lieu, lorsqu'il y a deux espèces d'enfans ou plus, et que le propre père ou la propre mère de tous, et le dernier vivant est décédé *ab intestat* en vuidité, les enfans de chaque mariage prennent propriétairement, ainsi qu'il est dit ci-dessus, les biens immeubles par eux possédés en propre, pendant le mariage de leur père et mère.

Les meubles appartiennent aux enfans du dernier lit seuls.

En sixième lieu, nonobstant que suivant l'usage du Mundat, les biens-meubles étant le franc domaine du propre père ou de la propre mère, survivant de tous les enfans décédés, cependant les enfans procréés du précédent mariage n'ont point de part aux biens meubles, mais seulement les enfans du dernier lit, auxquels ils appartiennent seuls propriétairement à l'exclusion de tous les enfans procréés des mariages précédents, et par contre ils sont obligés d'acquitter les dettes mobilières.

S'ensuit ce qui est à observer, lorsque des conjoints décèdent sans enfans et qui ne laissent point de droit de propriété, mais des biens qui leur appartiennent en plein domaine.

En septième lieu, au cas que des conjoints décéderont sans enfans *ab intestat*, le survivant demeure propriétaire, 1.° de tous les biens meubles, habits et joyaux, avec cette charge néanmoins, qu'il faut qu'il paie toutes les dettes mobilières; 2.° il demeure propriétaire de tous les immeubles par lui apportés en ce mariage, comme aussi de ceux provenants de quelque ligne que ce soit, cependant de son côté et non changés pendant le mariage; mais si quelqu'un trouve les dettes trop fortes, il peut mettre les clefs sur la boîte. Les biens acquis et les biens aliénés, pendant et constant le mariage, sont destinés égaux dans les successions; chaque bien retourne d'où il est venu.

En huitième lieu, mais des biens-immeubles apportés en mariage par le défunt et hérités de sa ligne, pendant est constant le mariage et non échangés, il ne compète au survivant que l'usufruit sa vie durante, après le décès duquel, cela retourne à la ligne de laquelle ces biens proviennent.

Ce qui en neuvième lieu, s'entend aussi des cas où deux conjoints, pendant et constant le mariage ont survécu au décès d'un père, d'une mère, beau-père et belle-mère et décèdent sans enfans, et que le droit de propriété a laissé une Dévolution et que le conjoint duquel provient le cas décède avant la mort des père, beau-père, mère, belle-mère qui ont encore l'usufruit, nonobstant le mariage disout, le conjoint survivant, si comme dit est, il a survécu au cas arrivé pendant et constant le mariage, soit qu'il reste en viduité ou qu'il se remarie, a seulement à jouir sa vie durante des deux tiers ou du tiers, suivant le cas, desdits biens immeubles après le décès des personnes usufruitières, et sa part des meubles meublans et ustensiles lui appartient propriétairement; de manière que, quoique ledit conjoint survivant sera décédé avant la personne usufruitière, cependant les plus proches héritiers au temps du décès, auraient à prendre leur quote-part des meubles meublans et ustensiles; mais comme l'usufruit est personnel, toute prétention aux biens-meubles serait tombée.

Si le conjoint a survécu le père, il appartiendra au survivant l'usufruit des deux tiers; mais si c'est la mère, un tiers. Les meubles qui appartiennent encore au père ou à la mère prémourant retombent sur la fille propriétairement, et après le décès d'icelle sur son mari, suivant le droit du Mundat.

Des acquets.

Les biens acquis et conquis de même que les biens qui ont été aliénés pendant et constant le mariage, se partagent de manière qu'il en tombe deux tiers du côté du mari, et un tiers du côté de la femme en toute propriété, sauf néanmoins l'usufruit au survivant, sa vie durante sur la part du défunt.

Pour ce qui concerne les meubles meublans et les ustensiles, il s'observe la même chose, quand même il n'y a point d'enfans procréés pendant et constant le mariage, suivant qu'il a été dit en l'art. 2 ci-dessus. Voyez l'ordre des successions.

Du serment.

Le serment ne sera pas légèrement déféré, et comme il s'est encore trouvé par des actes d'appel qui ont été produits, que le juge de la justice du Staffel-Gericht a procédé trop promptement en déférant le serment : pour y prévenir, les chevaliers, vassaux et Hausgenossen en statuent et ordonnent par les présentes, que quand le demandeur en justice ne justifie pas du tout sa demande ainsi que cela se doit, le juge du Staffel-Gericht absolve alors et renvoie le défendeur de la demande contre lui formée, ou s'il y a une preuve de faite en quelque manière, mais imparfaite, qu'il enjoigne au demandeur de la mieux justifier, et au cas qu'il ne prouve ou ne justifie mieux, et qu'ainsi il ne justifie qu'à demi : qu'alors, et non pas plutôt, il déférera par supplément l'affirmation, et si quelqu'un appelle avant l'affirmation qui serait ordonnée, il permettra ledit appel avant l'affirmation faite.

Suit le cerficat de Me Muller, avocat, secrétaire-interprète au Conseil souverain d'Alsace, daté de Colmar, le 8 février 1736, lequel Me Muller atteste qu'il a fait la traduction susdite, sur son vrai original, au bas duquel est écrit, fait à Wissembourg, le 23 août 1733. Signé Schweitzhoffer, commis-greffier. *

---

* Cette traduction paraîtra peut-être un peu diffuse, même obscure en plusieurs passages : nous regrétons de ne pouvoir nous procurer le texte allemand, qui nous eut mis à même d'offrir un translat plus correct.

LANDAU.

LETTRE

DES PRÉTEUR ROYAL

ET MAGISTRAT DE LA VILLE DE LANDAU,

A M. DE CORBERON,

Du 16 novembre 1738.

MONSIEUR,

En conséquence des lettres que vous nous avez fait l'honneur de nous écrire les 1.er et 9 du courant, nous avons celui de vous envoyer ci-joint copie collationnée des Statuts de cette ville, concernant les successions *, ayant

---

* Notre manuscrit ne donne ici ni le texte, ni la traduction des Statuts de Landau, on n'y trouve que la susdite lettre: mais nous proposant de publier un second volume, si celui-ci est bien accueilli, nous ferons alors tout ce qui dépendra de nous pour remplir les lacunes du manuscrit que nous publions aujourd'hui.

pas d'autres particuliers ; car lorsqu'il se présente une question non décidée par lesdits Statuts, nous suivons en ce cas, le Droit commun de la province, autrement le Droit écrit, en observant pour les formalités l'ordonnance.

Comme desdits Statuts il résulte un tort considérable aux enfans des premiers lits, nous avons cru devoir y remédier au mois de mars dernier par un réglement ; ignorant jusqu'alors qu'il n'était plus en notre pouvoir d'en faire, ainsi que nous l'avons observé dans la suite, par l'arrêt rendu sur les réquisitions de M. le Procureur-général, le 19 mai suivant, qui annulle le même réglement, le Conseil s'étant réservé à lui seul l'autorité d'y pourvoir.

Nous avons aussi l'honneur de ci-joindre copie d'un serment qu'on a coutume de faire depuis long-temps prêter et peut-être de tous les temps, aux tuteurs que nous établissons aux enfans mineurs, icelui dérogatoire aux articles desdits Statuts ; cependant comme le survivant des conjoints, par la faveur qu'il trouve dans les mêmes Statuts, au préjudice de son sang, ne manque guères d'insister sur leur observance, ledit serment pour l'ordinaire ne se trouve pas exécuté par lesdits tuteurs.

Signé SCHATTEMANN.

OBERNAY.

LETTRE

DU MAGISTRAT

DE LA VILLE D'OBERENHEIM, OBERNAY,

A M. DE CORBERON,

Du 24 novembre 1738.

MONSIEUR,

Nous avons l'honneur de vous envoyer un extrait de nos Statuts et Réglemens concernant les tutelles et les partages des successions, que nous avons jusqu'à présent observés dans nos jugemens. Nous suivons au surplus le Droit romain. Si vous trouvez convenable, Monsieur, que nous fassions imprimer les articles, nous vous prions de l'ordonner à ceux qui ont l'honneur d'être, etc. *Les prévot royal et magistrat d'Oberenheim.*

EXTRAIT

DU LIVRE DES STATUTS D'OBERENHEIM,

DE L'ANNÉE 1569,

TIRÉ D'UN VIEUX REGISTRE ROUGE DE LA VILLE DE L'AN 1380.

Ancien Statut et Réglement concernant les tutelles, inventaires et les partages des successions des époux.

1.° Lorsque l'un des époux décède, le survivant tant pour lui-même que pour les enfans, sera tenu, après le délai de quatre semaines, de présenter au magistrat un parent ou un ami de ses enfans. Si celui-ci est trouvé capable, il sera de suite accepté, nommé tuteur desdits enfans, et en cette qualité assermenté à l'instant.

2.° Lorsque l'un des époux décède sans avoir fait de contrat de mariage, ni testament, de manière que le survivant reprenne ses apports immobiliers, tels que maisons, vignes, prés, terres arables, vergers, pour les garder en toute propriété, les héritiers du conjoint prédécédé, reprennent de même tous les apports immobiliers du défunt.

3.° Mais les acquets immobiliers faits durant

et constant le mariage, c'est-à-dire, ce qui a été acquis et payé des deniers de la communauté, appartiendra pour deux tiers au mari ou à ses héritiers, et pour un tiers à la femme ou à ses héritiers.

4.° Par contre, si l'un ou l'autre des conjoints a apporté de l'argent en mariage, ou qu'il en ait hérité durant le mariage et que cet argent a été employé à l'acquisition de maisons ou d'autres immeubles, ils restent à celui des conjoints des deniers duquel l'acquisition a été faite, et l'autre époux n'y a aucune part, ni droit, ni prétention.

5.° Si durant et constant le mariage, des vignes ou autres biens-fonds ont été replantés à neuf, ou si un champ a été converti en verger et garni d'arbres, ledit fonds reste à celui des conjoints qui en est le propriétaire, avec les changemens et améliorations, sans qu'il soit obligé à payer aucune plus-value, ni indemnité à ce sujet.

6.° Les biens meubles ou immeubles que l'un des époux héritera durant le mariage, resteront à lui seul, et l'autre époux n'y aura point de part.

7.° S'il arrive que l'un des époux soit propriétaire avant ou durant le mariage, d'une place ou d'un terrain et que constant le mariage, on y établisse des bâtimens ou constructions, dont les frais auront été payés des deniers de la communauté, ledit conjoint n'en restera pas moins propriétaire de ladite place ou dudit terrain; mais à la dissolution du mariage lesdits bâtimens ou constructions seront équitablement estimés par les commissaires aux partages, Theilẞ Herren, et le prix de cette estimation sera, à défaut de disposition contraire entre les époux, partagé entre les deux parties, des deux tiers au tiers.

8.º De même, si durant le mariage, l'un des époux est propriétaire d'une maison, et qu'il ferait placer un pressoir, construire des écuries, des chambres et d'autres commodités, afin d'être mieux logé, alors l'autre conjoint est tenu de contribuer à l'entretien et aux réparations de ces nouvelles constructions.

9.º Les intérêts des capitaux, les loyers des maisons, les fermages, cens et rentes de biensfonds sans exception, appartiennent aux deux époux en commun.

Collationné par moi soussigné à Oberenheim, et certifié conforme au livre des Statuts, le 31 novembre 1738. Signé SONTAG, greffier de la ville d'Oberenheim. *

31.º Le magistrat ordonne à tous ses bourgeois et justiciables de s'abstenir de faire des testamens ou dispositions de dernière volonté, des contrats et obligations portant intérêts, des inventaires, des actes de partage ou autres actes

---

* Suit un ancien réglement de pure police municipale, que nous croyons ne pas devoir transcrire ici.

quelconques de cette nature, autrement qu'en cette ville et pardevant le magistrat et dans sa chancellerie et seront tous lesdits actes écrits par le greffier de la ville ou par son substitut. Les contrevenans seront punis chacun d'une amende de cinq livres pfenning, sans rémission et lesdits testaments, dispositions de dernière volonté et autres actes faits, en contravention à la susdite ordonnance, seront absolument nuls et sans effet.

Alors que les articles d'un contrat de mariage seront arrêtés et convenus entre les parties, pour éviter toute difficulté et discussion qui s'en suivent tous les jours, il est ordonné d'en faire de suite déclaration au greffe de la ville.

32.° Comme il arrive que des veuves et des filles de nos bourgeois se marient avec des étrangers ou non bourgeois de notre ville, le Magistrat a trouvé juste et équitable de prévenir tous et un chacun à ce sujet et d'ordonner que dans le cas où une veuve ou une fille bourgeoise se mariat avec un étranger, avant que celui-ci eut acquis le droit de bourgeoisie en notre ville, et qu'après le mariage, ledit époux étranger tardât à demander au Magistrat le droit de bourgeoisie, les deux époux seront renvoyés de la ville. Ainsi que chacun se conduise en conséquence, et respecte la présente ordonnance.

33.° personne ne doit convoler en secondes noces qu'après partage fait avec ses enfans du précédent lit.

Suivent

Suivent des dispositions réglementaires concernant les tutelles.

L'art. 48 défend aux bourgeois d'Obernai de vendre des biens-fonds à un étranger, ni de les troquer ou échanger avec un étranger, à peine de dix livres pfenning d'amende et de nullité de la vente ou de l'échange.

Garantie des vices redhibitoires des bestiaux.

Notre manuscrit ne porte rien à ce sujet; mais comme le marché aux bestiaux qui se tient à Obernai a toujours été et est encore assez considérable, et que les Usages de ce marché font loi dans l'arrondissement de Sélestadt, nous croyons devoir donner ici la traduction d'un ancien extrait du protocole d'Obernai, dont les dispositions sont encore en vigueur aujourd'hui, et qui porte :

« Pour les bêtes à cornes vendues pour saines et bien portantes, la garantie que le vendeur doit à l'acheteur dure pendant quatorze jours, autrement dit la quinzaine.

A raison du mal appelé Hirtig, qui est une espèce de ladrerie, le temps de la garantie est d'un an et un jour. Pour le mal caduc, Wehtagen, on doit garantir pendant six mois et pour le vertigo, Umgänger, pendant trois mois.

Pour les chevaux il y a quatre vices redhibitoires, la morve, la pousse, rétif, et la courbadure, Rotzig, Dämpfig, Stättig, Grättig : le temps de la garantie est de quatre semaines.

Le vol doit être garanti en tout temps.

Voyez le journal de M. Jourdain, tome de 1813, page 17 et suivantes.

MUNSTER

AU VAL DE St.-GRÉGOIRE.

Notre manuscrit ne contient rien sur cette ville; mais il est connu qu'elle était régie par le Droit de la Dévolution.

KAYSERSBERG.

Notre manuscrit ne contient rien autre sur cette ville, qu'un diplome latin de 1347, par lequel l'Empereur Charles IV confirme, en termes généraux, les privilèges de cette ville.

Elle était régie par le droit de la Dévolution, à l'exception qu'au contraire du Statut de Colmar, à Kaysersberg, les frères et sœurs héritaient de leurs frères et sœurs morts *ab intestat* et sans postérité et ce, à l'exclusion des père et mère, et que les germains excluaient les consanguins ou les utérains.

TURCKHEIM.

Notre manuscrit ne contient rien concernant cette ville, que deux vieux diplomes portant en termes généraux concession et confirmation des privilèges dont elle jouissait anciennement; l'un de ces diplomes est de l'Empereur Henri et de 1312. L'autre de l'Empereur Charles, est de 1347.

Turckheim était régi par le Statut de la Dévolution, et il est de notoriété au barreau, que le Statut était conforme à celui de Colmar.

FERRETTE.

LETTRE

DU MAGISTRAT DE FERRETTE

A M. DE CORBERON,

Du 9 décembre 1738.

Monsieur,

Le livre dans lequel les Statuts et Coutumes de cette ville ont été portés, ayant été perdu pendant les guerres suédoises, nous sommes obligés à des recherches extraordinaires, pour pouvoir certifier desdits Statuts et Coutumes.

On a suivi à cet égard jusqu'à présent, ce qui a été observé d'ancienneté, en sorte que nous sommes obligés d'avoir recours à une quantité de papiers déposés au greffe, à quoi nous travaillons, ce que nous avons l'honneur de vous assurer, Monsieur, par la présente et que nous satisferons le plutôt possible à vous donner les copies demandées.

Nous sommes, etc.

Signé P. Fèvre, Monnoy et Dietlin.

Voici la traduction de ce que le magistrat de Ferrette a envoyé plus tard à M. de Corberon.

Réglement concernant les successions des époux décédés.

Arrivant que de deux personnes unies par mariage, l'une vienne à décéder avant l'autre, sans enfans ni descendans, les biens immeubles apportés en mariage par le prédécédé retournent à ses plus proches héritiers; mais les apports mobiliers des prédécédés et tout ce que les conjoints ont hérité, acheté ou autrement acquis, en meubles ou en immeubles, durant et constant le mariage, forme une masse commune dont le mari, s'il survit à sa femme, prend les deux tiers; dans le cas de survie de la femme elle prend un tiers de la susdite masse et les héritiers du mari prédécédé prennent les deux autres tiers.

Cela s'observe ainsi seulement, alors qu'il n'existe pas de contrat de mariage. *

---

*) „ Ordnung wie es mit der Abgestorbenen Guth zu
„ halten.
„ So zwey Menschen in die Ehe zusammen kommen und
„ Eins vor dem Anderen ohne Leibs-Erben mit Todt abge=
„ het, daß dann die liegenden Güther, so das Gestorbene
„ dem Ueberlebenden gebracht, wiederum erblich fallen den
„ nächsten Freunden des abgegangenen Ehegemahls und Er=
„ ben: aber die zugebrachte fahrende Güther, und was die
„ beyde Ehegemahl bei einander ererbt, erkauft oder sonsten
„ bekommen und gewonnen, es seye liegends oder fahrends,
„ so die Frau vor dem Mann Todtes halben abgehet, fal=

Réglement des partages quant aux maisons et à qui elles doivent appartenir.

Il est d'usage dans la seigneurie de Ferrette que le plus jeune fils d'entre les enfans légitimes prenne de droit la maison ou le manoir de son père défunt, mais d'après une estimation préalable conformément à la Coutume du pays, et à charge par ce fils de payer à chacun de ses frères et sœurs, sa part du prix de cette estimation, et s'il vient à mourir cette propriété et ce droit passent à ses enfans en son lieu et place. La même chose s'observe à l'égard des filles et entre elles.

Réglement concernant les biens immeubles vendus et hérités.

Si un propriétaire vend un bien, soit maison, cour, champ, pré, jardin, à l'insu des membres de la famille d'où ce bien provient, ceux-ci pourront, si leurs moyens le leur permettent, en exercer le retrait, quand même ledit bien aurait passé

„ len die verlaffene Güther, derer zwey Theil dem leben-
„ digen Ehegemahl ihrem Mann zu, und der Drittel der
„ abgestorbenen Frau nächst und rechten Erben; so aber der
„ Mann vor der Frau Todts abgehet, fallt das Drittel
„ jetzt gemeldter Güther der lebendigen Frau, und die an-
„ dern zwey Theil desselben abgestobenen Manns nächsten
„ Erben zu.
„ Welches also gehalten, wann keine Heyraths-Abrede zwi-
„ schen ihnen Eheleuthen gemacht worden.

dans la seconde ou troisième main, mais à charge de rembourser à l'acquéreur le principal du prix de la vente, les intérêts et frais, ou de payer ce prix au vendeur s'il lui est encore dû.

Le même Droit de retrait a lieu pour les biens advenus au vendeur ou à la venderesse, dans les partages des deux tiers au tiers.

Si un étranger achète quelqu'immeuble, chaque bourgeois aura le Droit d'en exercer le retrait pendant le délai d'un mois.

Réglement concernant la vente, l'achat et l'échange des biens immeubles.

Comme il s'est introduit un fort mauvais, blamable et très-pernicieux usage, celui de contracter les achats et ventes presque toujours dans le vin, et alors que l'homme a trop bu ou qu'il est en querelle avec sa femme, ce qui est arrivé déja, abus qui est provoqué et favorisé par des gens qui ne cherchent que les occasions de boire et de manger aux dépens d'autrui, de manière qu'il y en a beaucoup qui, à leur grand détriment, vendent, achètent, échangent quand ils sont pris de vin, ce qu'ils ne feraient pas à jeun, et se font ainsi à eux-mêmes et à leurs femme et enfans un tort irréparable, ou contre lequel ils ne peuvent revenir qu'en payant un dédit et les dépenses de bouche qui ont été faites; il est du devoir du Magistrat de faire connaître qu'il entend détruire cet abus.

En conséquence, tous les achats, les ventes et les échanges qui n'auront pas été contractés à jeun, quand même ils auraient eu lieu du consentement des femmes, seront à l'avenir nuls dans la seigneurie de Ferrette, et cela de plein droit, et ne pourront aucunement valoir, et seront, les acquéreurs, vendeurs, échangeurs et tous ceux qui auront provoqué, conseillé ou aidé les contractans, punis chacun d'une amende d'une livre dix schellings, sans aucune rémission, et si à cette occasion il a été fait des dépenses de bouche, chacun en paiera sa part.

Suivent des réglemens de pure police, concernant la réception des bourgeois, les danses, les cabaretiers, les meuniers, bouchers et boulangers.

Extrait et collationné à Ferrette, le 15 septembre 1739.

Signé. ORSTEIN, greffier.

---

* D'après le texte de la Coutume de Ferrette, que nous venons de rapporter dans les termes de l'original, il nous paraît que feu M. Bruges a erré dans sa lettre du 26 avril 1738, (écrite à la vérité 18 mois avant que le magistrat de Ferrette eut rendu compte de cette Coutume à M. de Corberon), en disant trop généralement et sans exception, que d'après ladite Coutume « il se formait entre les époux une masse ou communauté de tous leurs biens, quels qu'ils puissent être, meubles et immeubles, apportés, hérités, acquis, dont le mari et ses représentans tiraient les deux tiers, et la femme ou les siens l'autre tiers. »

Il en était sans doute ainsi en cas d'existence d'enfans; mais il nous semble qu'après avoir lu le texte que nous avons

ALTORFF et WITERSHEIM.

Lettre de M. Boehm, bailli du baillage de Witersheim et Altoff, du 19 décembre 1738, à M. de Corberon.

MONSIEUR,

J'ai reçu la lettre que vous m'avez fait l'honneur de m'écrire le 3 de ce mois, au sujet des Statuts, Us et Coutumes de mon baillage. Les villages qui le composent faisaient ci-devant partie de la préfecture royale de Haguenau: ils en ont été démembrés et érigés en baronnie. La Jurisprudence y est réglée sur la disposition des Statuts, Us et Coutumes de ladite préfecture et de la ville de Haguenau. Une de ces dispositions est en

---

rapporté; l'on ne saurait nier, que dans le cas où il n'existait pas d'enfans lors de la dissolution du mariage, la masse ne devait plus être si universelle, vu la reprise des apports immobiliers du prédécédé, que ses héritiers avaient le droit d'exercer.

Une conséquence nécessaire de notre opinion, est que nous ne pouvons admettre sans exception la mobilisation des apports immobiliers des époux, dans un sens aussi absolu que l'est celui de l'arrêt du 31 mars 1823, c'est-à-dire, même dans le cas de non existence d'enfans.

fait de partage entre deux conjoints, après la mort de l'un ou de l'autre que celui qui reste prend par préciput ce qu'il a apporté en mariage, s'il existe en nature sans changement : s'il y a changement, le mari ou ses héritiers y gagnent deux tiers, ainsi que des acquets pendant le mariage, et l'autre tiers des acquets revient à la femme ou à ses héritiers.

Je ne doute pas, Monsieur, que vous ne recevrez, de la part de la préfecture de Haguenau, de plus amples éclaircissemens.

J'ai l'honneur, etc. *Signé* BŒHM.

ARTOLSHEIM.

CONTRATS DE VENTE.

Le droit de retrait a lieu dans ce village et dure quatre semaines.

PARTAGES ET SUCCESSIONS.

Si deux conjoints ne font point de disposition par contrat de mariage, dès sa consommation, les biens tant meubles qu'immeubles par eux apportés, hérités, acquis, forment masse commune, dont les deux tiers au mari, l'autre à la femme ou à ses héritiers.

Les mâles ont droit de préférence sur les filles, à la cour ou maison mortuaire, et s'il y a plusieurs fils, le droit compète au cadet.

Si entre les enfans héritiers il n'y a point de mâles, et deux ou plusieurs filles, ledit droit de préférence compète à l'aînée desdites filles.

Nous prévôt et jurés de justice, certifions que les usages ci-dessus ont été observés dans ce village depuis un temps immémorial, et qu'ils le sont encore aujourd'hui : certifions en outre que nous n'avons connaissance d'aucune autre dérogation au Droit commun.

En foi de quoi nous avons signé les présentes, et y avons apposé notre sceau ordinaire.

Fait à Artolsheim, le 23 février 1738.

Signés Jean SCHWARTZ, Jean-Henri WAGNER, Joseph MEYER, Tobie DIEDLER, Martin STEIBLE, Mathis STEGLER, Joseph SCHWER, et scellé.

BANVILLARS.

Ce village était régi par les Droit, Us et Coutumes du Comté de Belfort.

BARTENHEIM.

Il n'avait aucune Coutume particulière : on y observait celle générale de la Haute-Alsace, savoir:

que lorsqu'il n'y a point de contrat de mariage, tous les biens existans au jour de la bénédiction nuptiale, de même que les acquisitions ou successions, se partagent, les deux tiers au mari, l'autre pour la femme ou ses héritiers.

BENFELD (BAILLAGE).

Lettre de M. SAINTLO, lieutenant-bailli du Baillage de Benfeld, à M. de CORBERON, du 29 décembre 1738.

MONSIEUR,

En exécution de la lettre que je viens de recevoir de MM. du Conseil de la Régence de l'évêché de Strasbourg, ensemble copie de celle que vous leur avez fait l'honneur d'écrire au sujet des Coutumes et Statuts qui leur servent de lois, et aux juges dudit évêché dans leurs jugemens, j'ai celui de vous mander que dans la juridiction du baillage de Benfeld, à l'exception des villes qui en dépendent, le Droit écrit, les ordonnances du Roi et les arrêts rendus au Conseil souverain d'Alsace servent de lois aux jugemens qui se rendent au même baillage, à la réserve des successions, qui se partagent du tiers aux deux tiers, lorsqu'il n'existe pas de contrat de mariage entre les conjoints, ou de dispositions de dernière volonté, selon l'usage du pays appelé *Landrecht*; que dans quelques communautés dudit baillage, le Droit de retrait linager a lieu, savoir : dans quelques communes pendant le mois et dans d'autres six semaines, et souvent un an et un jour, sans qu'il y ait pour cela aucun Statut.

Si V. G. désire des actes de notoriété pour ce que je viens de lui observer, j'attends ses ordres.

Signé SAINTLO, lieutenant-bailli.

BENFELD (VILLE).

Lettre à M. DE CORBERON *du Magistrat de Benfeld, du 22 décembre 1738.*

MONSIEUR,

En vertu de vos ordres et de ceux MM. de la Régence de l'évêché de Strasbourg, concernant les Statuts et Coutumes qui nous servent de lois dans nos jugemens, nous avons l'honneur d'informer V. G. que l'on travaille aux copies des actes en forme authentique pour, à la rentrée du Conseil, vous les faire tenir, ainsi que V. G. le désire. Nous avons l'honneur, etc.

Les Prévôt et Magistrats de Benfeld.

Notre manuscrit ne contient rien de plus sur Benfeld.

BENHEIM ET TRIENBACH.

Lettre de M. Bucher, bailli du baillage de Benheim et Trienbach, à M. de Corberon, du 7 janvier 1739.

Monsieur,

J'ai reçu la lettre circulaire que vous m'avez fait l'honneur de m'adresser en date du 3 décembre dernier, et j'y aurais déjà satisfait, s'il ne se présentait à cet égard quelques difficultés en ce qui concerne la prévôté de Benheim. Cette prévôté consiste en trois villages, dont S. A. S. Mgr. le Margrave de Baden-Baden est seigneur, et dont je ne suis bailli que depuis 1730 : avant moi la justice y était administrée par un sujet du Prince qui résidait toujours de l'autre côté du Rhin, et lequel était bailli et greffier tout ensemble. Il ne venait que trois ou quatre fois par an, plutôt pour y recevoir les droits et revenus du Prince que pour toute autre chose; je n'ai donc trouvé à mon entrée ni greffe établi, ni aucun document, et faute de ce secours, je ne puis être instruit avec certitude et comme il conviendrait des Coutumes locales et surtout de celles qui pourraient déroger au Droit romain, et dont vous désirez, Monsieur, être informé. Le peu d'affaires qu'une si petite juridiction a pu m'attirer depuis sept ou huit ans, ne suffit pas pour m'éclairer dans une chose de cette nature.

Il ne me reste que la tradition des vieilles gens du lieu : je n'ai encore rien osé statuer sur ce seul moyen ; si cependant, Monsieur, il vous paraît suffisant, je ne manquerait pas de vous en informer.

Le surplus de cette lettre renvoie à la Jurisprudence qui régit Fleckenstein.

Voyez l'article de ce dernier lieu ci-après.

BERGHEIM,

Roderen et Roschwir.

Remarques envoyées à M. DE CORBERON, sur les anciens Us et Coutumes de la ville et seigneurie d'Oberhergheim, de décembre 1739.

MONSIEUR,

Pour satisfaire au désir de la lettre circulaire de V. G. du 3 présent mois, j'ai fait assembler les sieurs Prévôt et Magistrats de Bergheim, ensemble les Prévôts et anciens jurés des villages de Roderen et Roschwir en dépendans, sur la maison de ville, lesquels auraient unanimement soutenu que d'après leur connaissance et même au dire de leurs ancêtres, il aurait été d'usage dans les deux villages, ainsi qu'il suit :

1.° Dans les successions où il n'y a pas eu contrat de mariage passé entre les deux conjoints, les apports retournent du côté d'où ils viennent et les acquets se partagent par tiers et deux tiers entre le dernier vivant et les héritiers du prémourant, dont le mari ou ses héritiers prennent les deux tiers.

2.° La communauté en fait de mariage cesse par le décès du prémourant, et la succession, jusqu'à présent, a été réglée sur le pied qu'elle s'est trouvée lors du décès, quand même l'inventaire a été fait plusieurs années après le décès, notamment où le dernier vivant est convolé en secondes noces, et pour lever les contestations qui arrivent souvent à ce sujet, qui ruinent beaucoup de familles, il serait de l'intérêt public d'obliger le dernier vivant de faire inventaire dans trois mois après ledit décès du prémourant; que le dernier vivant reste en viduité ou non.

3.° Pères et mères succèdent seuls aux enfans qui décèdent.

4.° Les enfans, à l'exclusion du dernier vivant de leurs père et mère, profitent des revenus des successions qui leur aviennent par le décès de leurs grand-père et grand'mère ou autrement, et au cas que le prémourant délaisse du bien en suffisance pour l'entretien des enfans délaissés et que les enfans ne se trouvent en état de gagner leur vie, on accorde au dernier vivant partie ou tous les revenus de la succession, selon que le cas de l'âge, condition et facultés des enfans l'exige.

Cet usage paraît avoir pour principe de ne point enrichir les enfans d'une seconde noce aux dépens des enfans de la première.

5.° L'usage serait aussi de n'adopter en faveur d'une seconde noce que la part et portion d'un enfant, quoiqu'on ait stipulé au-delà, selon la loi, en accordant néanmoins la jouissance d'une maison ou d'un autre bien stipulé pour certain temps par le contrat de mariage ou l'acte de dernière volonté.

6.° A l'égard du retrait lignager, pour éviter les secondes noces, le retrayant aurait été ci-devant tenu de garder en sa possession pendant une année le bien retiré, à peine d'être déchu du Droit de retrait.

7.° Les ventes volontaires et forcées auraient ci-devant été faites par enchère dans les cabarets, en présence du greffier qui a reçu les mises; elles sont ratifiées ensuite par le juge du lieu, ou l'adjudication définitive s'est faite, par-devant lui au même cabaret ou sur la maison de ville, pour ce qui regarde les ventes forcées et où les mineurs se sont trouvés intéressés.

8.° Les dommages causés par des personnes ou animaux, sur les fruits champêtres, de peu de conséquence, se reconnaissent sommairement par des préposés à cet effet, la vue des lieux au préalable ordonnée par le bailli ou prévôt, sur les réquisitions des parties.

9.° Forme des jugemens des petites affaires.

Signé LICHTENBERGER, suivent les signatures des prévôts et jurés des trois lieux.

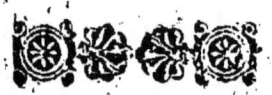

BIESHEIM

ET ISLES DU RHIN,

ET BARONNIE DE HATTSTATT, NIEDERHERGHEIM
ET NIEDERENTZ.

~~~~~~~~~~~~~

Je soussigné bailli de Biesheim et des îles du Rhin, dépendans de l'ancienne ville de Brisac, certifie que depuis environ douze ans que je suis pourvu du baillage, je n'ai point vu qu'il y ait dans ladite seigneurie aucun usage local, ni Coutume particulière; mais que la jurisprudence romaine y a toujours servi de règle, à la réserve du seul cas de partage de la communauté d'entre le survivant et les héritiers ou enfans du prémourant, lequel cas se décide conformément à la Coutume de Ferrette, savoir : les deux tiers au mari ou à ses héritiers, et le tiers à la femme ou à ses héritiers ; mais dans les îles du Rhin, qui font partie dudit baillage, le Droit de Dévolution y a lieu et on y suit les Statuts de l'ancienne ville de Brisac, parce que lesdites îles, qui sont composées de villages ou hameaux, tels que Geisswasser, Wogelgrün et d'autres habitations, font partie du ban de ladite ville, quoique situées sous la domination du Roi.

A l'égard du baillage de la baronnie de Hattstatt et des seigneuries de Niederhergheim et Niederentz, dont je suis pourvu depuis environ douze ans, je n'ai rien remarqué et les anciens n'ont pu me dire qu'il y ait pareillement aucun Usage local, ni Coutume particulière, qui puissent déterminer le juge à s'écarter des principes établis par le Droit romain, à l'exception toutefois de l'article de la Coutume de Ferrette, touchant le partage de la communauté entre conjoints, lequel article est suivi à Biesheim.

Fait à Colmar, le 14 février 1739.

Signé REISET.

BISCHWILLER.

Notre manuscrit contient un Réglement de police fort étendu; nous ne le transcrivons pas, parce qu'il ne peut plus être du moindre intérêt.

Le titre 8, intitulé *Von Testamenten, letsten Willen und Erbschafften*, porte en substance qu'inventaire doit être fait après le mois d'un décès, et qu'alors le testament ou les autres dispositions de dernière volonté de la personne décédée, seront produits et publiés aux parties intéressées et que si ces dispositions sont valables, il doit de suite être fait et procédé en exécution de leur teneur.

On indique ensuite la forme des divers testamens qu'il est permi de faire, tels qu'olographes, mistyques, publics. On recommande au testateur de n'instituer qu'un ayant-droit à sa succession, ein rechter Erb; de ne pas léser ses enfans par son testament, encore moins de les prétérir ou déshériter sans motifs raisonnables et suffisans; mais de leur laisser ce qui leur est dû d'après les lois divines et humaines. On dit qu'un testament fait dans les formes prescrites aura toute force et vigueur, tandis que si un bourgeois ou sujet négligeait lesdites solennités et formes et se permettait des dispositions de dernière volonté en faveur de personnes autres que celles de sa famille ou envers des personnes du sexe féminin, ces dispositions seront nulles et comme non avenues et que le juge les rejettera; que le défaut de formalités sera excusé en cas de nécessité absolue, et si alors le testament est signé par cinq témoins au moins; ou s'il a été fait solennellement pardevant un notaire il sera valable, que si quelqu'un meurt *ab intestat*, ou que les dispositions qu'il a faites aient été annullées, sa succession sera réglée d'après les lois de l'Empire et spécialement par le réglement des Deux-Ponts, intitulé Unter-Gerichts-Ordnung, art. 99, 100, 101, 103 et 104, qui sont clairs, précis, justes et équitables et non susceptibles de modification. Que c'est d'après la teneur de ces articles, que les partages des successions devront se faire et que le juge aura à prononcer.

Le titre 9 règle la forme des tutelles.

Nous soussignés conseillers et officiers de S. A. S. Madame la Duchesse Douairière, régente des Deux-Ponts et les prévôt et échevins du bourg de Bischwiller, certifions par ces présentes que lorsque ledit lieu a été possédé en qualité de fief du duché de Deux-Ponts, par les nobles Flach de Schwarzenburg, il y a eu des Statuts et Coutumes par écrit, appelés communément *Jahrsbuch*, contenant des Réglemens de police et Droits particuliers, accommodés aux circonstances dudit lieu, et changés en quelque partie et amplifiés dans la suite, selon les changemens du temps, des mœurs des habitans, du commerce et autres besoins du bien public; que ledit lieu, qui ne fait qu'une même communauté avec sa dépendance; le village de Hanhoffen, ayant été réuni au domaine du duché des Deux-Ponts, vers l'année 1620, les princes Palatins, ducs régnants du duché, y ont introduit et fait observer leur ordonnance générale, tant pour la forme de procédure en première instance, et en cas d'appel au tribunal de leur Cour, que pour des matières particulières de Droit, comme des successions, des effets civils des mariages, des unions d'enfans du Droit de retrait, de l'enregistrement des contrats, des dépôts et autres matières civiles et criminelles. Certifions en outre que le contenu de cette dernière partie de ladite ordonnance générale est encore en plein et entier usage audit lieu, conjointement avec les Statuts anciens, en ce que ceux-ci ne se trouvent pas contraires à ladite ordonnance générale comme loi la plus nouvelle.

Fait à Bischweiller, le 16 février 1739.

Signé J. BŒHMER, conseiller, J.-C. SOUCH, greffier, J. HUBSCH, prévôt, etc.

BOERSCH.

Lettre du Bailli de Bœrsch à M. DE CORBERON, *du 20 mars 1739.*

MONSIEUR,

J'AI l'honneur de vous envoyer ci-joint l'état des Droits particuliers qui sont usités dans les communautés de mon baillage, etc.

Signé BARTMANN.

L'an 1738, le douzième jour du mois décembre, pardevant nous François-Joseph Bartmann, bailli de la ville et baillage de Bœrsch, sont comparu les bourguemaître, conseillers et députés du magistrat de la ville de Bœrsch, et de LL. AA. EE. Messeigneurs les princes et comtes du grand-chapitre de l'évêché de Strasbourg, lesquels, après leur avoir communiqué la circulaire à nous adressée par M. de Corberon, premier président du Conseil Souverain d'Alsace, en date du 3 courant, nous ont dit, qu'outre les Coutumes provinciales qui sont que le mari ou ses héritiers ont deux tiers dans les biens de la communauté conjugale, et que la femme ou ses héritiers, n'en ont qu'un tiers, soit meubles ou immeubles, et que père et mère, l'un de leurs enfans venant à mourir sans descendans et *ab intestat*, l'héritent seuls et à l'exclusion et sans concurrence des autres enfans, il n'y en aurait aucun dérogeant, si ce n'est qu'en fait de vente et aliénation des immeubles, les plus proches parents en peuvent faire le retrait dans huitaine, à commencer du jour que les vins ont été bus et la vente rendue publique au cabaret du lieu, dans lequel les biens sont situés; à charge par les rétrayans de payer ou rembourser le prix principal, avec les loyaux-coûts; sinon et faute de le faire dans le délai ci-dessus, ils en sont exclus.

Pour ce qui regarde la dot, elle est comme un propre.

Les tuteurs aux mineurs sont élus par les plus proches parents et amis suivant l'ordonnance en présence du juge.

Déclarent

Déclarent en outre lesdits bourguemaître, conseillers et députés de ladite ville et communauté de Bœrsch, qu'ils n'ont aucun autre Droit particulier qui déroge à la disposition du Droit romain. De tout quoi ils ont requis acte, que nous leur avons octroyé et ont signé avec nous.

Fait à Bœrsch les jour, mois et an que dessus.

Signé Bartmann, J. Grau, burgermeister, Thomas Vogel et Schön, commis-greffier.

BARONNIE

de Bollwiller, Jungholz, Rumbach, Hésingen.

Lettre du Bailli de la Baronnie de Bollwiller à M. de Corberon, du 29 décembre 1738.

Monsieur,

Mon absence m'ayant fait ignorer long-temps vos ordres contenus dans votre lettre circulaire de ce mois, je n'ai pu y satisfaire que depuis trois ou quatre jours. Comme ce délai n'a pas été suffisant pour m'instruire de tous les Us et Coutumes particulières de la baronnerie de Bollwiller et que même les registres du greffe m'ont fourni très-peu d'exemples; j'ai préféré, Monsieur, de vous indiquer seulement ceux qui se sont d'abord présentés à ma mémoire, qu'à différer et paraître manquer de diligence à vous obéir. J'ai pris la liberté de joindre quelques notes pour justifier les Us et Coutumes. Pardonnez, Monsieur, si je n'ai point réussi et si elles sont mal digérées; avec un peu plus de temps, j'aurais espéré de les mieux rédiger. Je suis encore pourvu du baillage de Jungholz et de Rumbach, terres de M. le baron de Schauenbourg, ou les Coutumes de Bollwiller sont aussi en vigueur, étant même dit dans les titres de mondit sieur de Schauenbourg, qu'à défaut de juge à Jungholz, on devait s'adresser à celui de Bollwiller.

M. le prince de Murbach m'a aussi confié l'administration de la justice de la seigneurie de Hésingen, où l'on observe les Us et Coutumes du baillage de Ferrette.

Agréez, Monsieur, etc.

Signé D'HAVILE.

Nous les soussignés bailli, procureur fiscal et greffier de la baronnie de Bollwiller, certifions à M. de Corberon, Chevalier, Conseiller d'Etat et premier Président du Conseil souverain d'Alsace, que les points principaux, autorisés par un long usage dans ladite baronnie, différant du Droit romain ou desquels il n'y en est fait mention, sont :

De la communauté de biens entre conjoints.

Quoique des conjoints par mariage n'aient point expressément stipulé une communauté de biens, elle a néanmoins lieu entre eux, de façon que tous les biens meubles, aussi bien que les fruits des immeubles par eux apportés en mariage ou hérités pendant et constant icelui, entrent en cette communauté. Elle commence depuis l'instant de la bénédiction nuptiale. Le mari est le maître de tout ce qui compose cette société. Il lui est permis de disposer sans fraude de tous les effets, même sans le consentement de la femme. Elle se dissout de deux manières, savoir : par la renonciation de la femme ou par la mort de l'un des conjoints. Si c'est par renonciation de la femme, nous suivons en ce cas la règle que le Conseil a tracée par ses arrêts du 4 mai 1725 et du 13 mars 1727, et non point entièrement la loi 30 Cod. de J. D., ni la loi *Cessionis* ou les Novelles 92, Cap. 2 et 109. Cap. 1 ; c'est-à-dire, en ce cas la femme reprendra franchement et quittement, par préférence à tous autres créanciers, même antérieurs à son mariage, les biens qu'elle justifie avoir apportés en mariage et qui existent encore actuellement en nature, et le prix de ceux aliénés, par préférence seulement aux créanciers postérieurs à son mariage, déduction néanmoins faite des sommes que lesdits créanciers justifient avoir employées à l'acquit des dettes particulières de la femme renonçante, et en payant par elle la moitié de celles auxquelles elle a accédé.

Si la dissolution se fait par la mort, en ce cas on partage la communauté aux termes du contrat de mariage, s'il y en a un de passé entre les parties. S'il n'y en a point ou qu'il ne fasse pas mention du partage, le survivant prend tous ses apports immobiliers, hérités ou à lui donnés pendant et constant le mariage, généralement quelconques; quant aux meubles, ils entrent en masse de la communauté des acquets, de laquelle le mari ou ses héritiers prennent deux tiers et la femme ou ses héritiers l'autre tiers. Cet usage paraît fondé sur des raisons d'équité; car en remettant à chacun des conjoints ou à ses héritiers les biens immeubles par lui apportés, et acquis avant le mariage, et ceux hérités ou à lui donnés et avenus, tant en ligne directe, collatérale, qu'autrement pendant le mariage, l'un et l'autre retombe à cet égard en l'état où il était avant son mariage, ou dans lequel il serait, s'il n'eut jamais été marié. Si l'on ne restitue pas aussi les meubles apportés et acquis avant le mariage ou hérités durant icelui, la raison en est qu'ils sont souvent d'un très-difficile rapport, soit du côté de la preuve, soit par leur qualité. Aussi pour obvier à ces inconvéniens, on les a confondus avec les conquêts, meubles et immeubles, desquels si l'on a jugé à propos d'adjuger deux tiers au mari et seulement un tiers à la femme, les auteurs de cet usage ont sans doute cru que, comme c'est le mari qui ordinairement acquiert avec plus de peine que la femme, dont l'unique soin se réduit à conserver ce que le mari gagne, il était juste de proportionner la récompense; joint à cela sa qualité de chef, il méritait cette distinction et cet avantage, outre que tous les biens sont présumés acquêts et non propres; ainsi tous les meubles trouvés dans une succession sont présumés conquêts pendant et durant cette communauté, conséquemment partageables.

Douaire.

Dans la baronnie de Bollwiller on reconnaît deux sortes de douaires, l'un appelé vulgairement *Morgengaab* et l'autre *Wittumb*.

La *Morgengaab* est traduite par les juristes allemands *morgenatica* qu'ils définissent *sponsalitica largitas, quæ datur in præmium defloratæ virginitatis* et par cette raison elle n'est régulièrement accordée qu'aux filles, et par des veuves aux garçons qu'elles s'associent en secondes noces.

Le *Wittumb*, au contraire, est appelé *dotalitium, donatio propter nuptias, duarium ou dola* " et il est constitué par le mari à la fem compensation de la dot. Pour que la fem ....se prétendre à l'un ou l'autre, il faut qu'il oit stipulé et déterminé par le contrat de mariage ou autre acte équipolent et valable, autrement la femme, après la mort de son mari ou même du vivant d'icelui, ne serait point admise à le demander. La raison de cet usage paraît être parce que l'une et l'autre de ces espèces de douaires sont des donations qui, dans le doute, ne se présument pas, mais doivent être prouvées.

Le *Wittumb* ou *dotalitium* ne consiste régulièrement que dans la jouissance de quelques immeubles appartenans au mari défunt, conséquemment il retourne aux héritiers du mari, arrivant le décès de la femme, ou s'évanouit si le mari lui survit.

Mais la *Morgengaab* est ordinairement une somme d'argent, ou des immeubles ou meubles, que la femme fait siens; de façon qu'elle en peut disposer en toute propriété après la mort de son mari ou de son consentement, même pendant et constant le mariage, ou elle transmet cette *Morgengaab* à ses enfans par son décès; mais si elle décède avant son mari, sans enfans issus de ce mariage, ses héritiers ascendans ou collatéraux sont exclus à y prétendre; elle retourne en ce cas à son mari survivant, à moins que ce ne soit autrement convenu par le contrat de mariage.

Pour soutenir cet usage on peut apporter deux raisons également plausibles : la première, qu'en toute donnation il faut entrer dans l'esprit du donataire; or, il est indubitable que l'époux faisant le présent de noces à sa femme, n'a prétendu avantager d'autre qu'elle, et qu'en l'avantageant, son intention était de profiter lui-même du présent sa vie durante, et en cas de son prédécès, de donner plus d'aisance à sa veuve de subsister et de soutenir dans le public l'honneur d'un mariage bien comportant, et non point de se priver de la chose donnée, ou les enfans qu'il pourrait avoir d'une seconde femme, si la première prédécédait sans lignée. Il serait en effet trop dur que le mari survivant, outre la perte de sa femme, vît encore passer son propre bien à des gens qui, comme il arrive très-souvent, se feront un malin plaisir de le chagriner, tant du vivant de sa femme, qu'après son décès ; ce serait l'accabler d'un double malheur : *et afflicto non est addenda afflictio.*

Comme d'ailleurs la *Morgengaab* n'est donnée que *propter deflorationem,* il serait honteux aux parents et héritiers de la femme de profiter d'un avantage fait en cette considération. Le mari survivant les payerait du plaisir de son mariage, et ces héritiers retireraient un indigne tribut du loyer du corps de la défunte, ce qui répugne également à l'honnêteté publique et à l'équité.

Jouissance des biens des mineurs.

Arrivant le décès de l'un ou de l'autre des conjoints, délaissant un ou plusieurs enfans mineurs, le survivant a la jouissance de tous les biens à eux échus, jusqu'à ce que les enfans s'établissent, ou parviennent à leur majorité, ou qu'ils se retirent de chez lui, sans être à sa charge, soit en servant Sa Majesté dans ses troupes, ou en gagnant, par d'autres manières honnêtes, leur vie.

« Nous ne croyons pas devoir transcrire ce que notre manuscrit rapporte concernant les tutelles, cela n'étant plus d'aucun intérêt.

Préférence sur la maison mortuaire.

Le cadet des enfans mâles a la préférence sur la maison mortuaire, laquelle est estimée par experts, licitée entre les frères et sœurs, et il est loisible au cadet de garder cette maison au prix auquel elle aura été estimée ou licitée, sans qu'il soit obligé contre son gré à diviser ou partager avec un ou plusieurs de ses frères et sœurs ladite maison mortuaire, les cour, granges, écuries, jardins ou les biens emphytéotiques en dépendans. La raison est que, par de pareils partages et divisions les cours des paysans et les bâtimens et places en dépendans, se réduiraient enfin à si peu de chose, qu'ils manqueraient de logemens pour leurs valets et bestiaux, grains, paille, foin, fumier et ustensiles, et au surplus, il est tant de l'intérêt du seigneur direct que de l'emphytéote que les biens d'une emphytéose restent toujours à un seul.

Manière de succéder à défaut de descendans.

Pour ce qui est de la succession à défaut de descendans on suit dans la baronnie de Bollwiller les dispositions de la Nov., 118 à l'exception du chap. 2., qui appelle les frères germains avec les ascendans à la succession d'un défunt sans enfans, etc.; la Coutume au contraire de cette juridiction est, comme celle de la plus grande partie du reste de l'Alsace, qu'à défaut d'enfans délaissés par un défunt, les père et mère, et à défaut d'iceux, les autres ascendans héritent à l'exclusion des frères germains. C'est sans doute dans le dessein de soulager la douleur des père et mère que cette Coutume leur adjuge la succession de leurs enfans; n'y en ayant pas de plus sincère que la leur. « *Bona filii*, dit Pline le jeune, « *pater sine diminutione possideat, nec fenum* « *hereditatis habeat qui non habet luctus.* » C'est pourquoi une pareille succession est appelée: *tristis et luctuosa hereditas. Institut.*

Des secondes noces.

Les lois romaines désapprouvent fort sagement les secondes noces: mais les peines infamantes, la privation des avantages faits à la veuve par son mari, les défenses de ne pouvoir disposer que d'une certaine partie de son bien en faveur de son second mari, etc., qui sont fulminées par les lois au Code de *secundis nuptiis*, ont paru trop rudes aux habitans de la baronnie de Bollwiller, et même à la plus grande partie de l'Allemagne, pour les suivre. Les deux derniers chapitres du Droit canon *super.... et cum secund...* *de secundis nuptiis*, sont plus indulgents; ils retranchent la peine d'infamie, et permettent aux veuves de se remarier, même dans l'année du deuil. L'usage a non-seulement adopté cette bénignité en faveur des veuves et des veufs, mais il les a même exemptés des autres peines portées par les lois au Code; car *melius est nubere quàm uri*, et comme dit S.*-Paul : *Mulier, viro suo mortuo, soluta est à lege viri, in domino nubat cui voluerit* toute la précaution que des convolants en secondes noces ont à prendre, c'est de faire faire, avant leur second mariage, un loyal et fidèle inventaire, et de faire créer à leurs enfans mineurs des tuteurs, et quand même ils l'omettraient, ils ne seraient pas pour cela privés de la succession de leurs enfans décédés en bas âge, comme *la loi scilicet, au C. de 2. Nup.*, et autres les menacent ; mais leurs biens et ceux de leurs nouveaux conjoints, ainsi que le veut la Nov. ci-dessus alléguée, sont tacitement hypothéqués aux enfans du premier lit, pour sûreté de ce qui leur est échu, et la négligence de faire faire inventaire est punie par la continuation de la communauté. Les enfans du premier lit participent comme ceux du second aux avantages de la seconde communauté: si au contraire il y avait de la perte, ils n'en seraient pas tenus.

La veuve, avantagée par son premier mari d'un *Wittumb* ordinaire, le perd par son second mariage, parce qu'il ne lui est donné qu'autant qu'elle est veuve et pendant sa viduité, à moins qu'il en soit autrement stipulé entre les contractans.

Retrait lignager.

Le retrait lignager est aussi usité en cette juridiction, comme en la plus part des endroits de la province. Pour être admis à l'exercer, il faut 1.° que le fonds qu'on veut retirer ait fait souche, qu'on descende du premier acquéreur et qu'on soit parent du vendeur; ainsi les acquets ne sont pas rétrayables. 2.° Qu'on indemnise l'acheteur tant en principal, intérêts, que frais, loyaux-coûts, impenses, améliorations, si aucunes ont été faites, utiles et nécessaires, depuis la vente. Le *Weinkauf* ou les vins du marché sont aussi à restituer, si aucuns ont été bus ou stipulés. 3.° qu'on soit dans le temps fatal pour retirer, qui est d'un an et un jour. 4.° Il faut que le retrayant retire pour soi et non pour autrui, et qu'il soit en état d'affirmer, au cas que celui duquel il retire le requiert, que c'est dans l'intention de garder le fonds pour son usage, qu'il le retire et non en fraude de l'acheteur.

A la forme, il faut que le retrayant fasse des offres réelles à l'acheteur, du prix, des frais, loyaux-coûts, intérêts, si aucuns sont dûs; qu'il offre de parfournir les impenses et améliorations, utiles et nécessaires, suivant le mémoire qui lui sera fourni, ou à dire d'experts; qu'en cas de refus par l'acheteur d'accepter ces offres, il les fasse consigner au greffe et signifier le conseing: le tout comme il a été dit dans l'an et jour du contrat: mais pour que les parents, capables de retirer, ne soient pas aussi fraudés de ce Droit, il est nécessaire que le contrat de vente soit passé au greffe de la juridiction ou par devant une autre personne publique. Autrement les parents du vendeur seraient aptes à retirer pendant dix ans, en affirmant par le rétrayant qu'il n'a eu connaissance de la vente que dans l'année qui est prescrite au retrait.

On a dit ci-devant que le retrayant devait aussi offrir les intérêts des sommes déboursées par l'acheteur, qui n'a pas joui du fonds à lui vendu et qui n'en a retiré aucuns fruits depuis son acquisition; si au contraire il avait joui, supposé de la maison, ou qu'il eut retiré des fruits d'une terre ou d'une emphytéose ou autres rentes, il les fait siens, et en ce cas, il ne lui est pas dû d'intérêts des sommes par lui déboursées, car il les retirerait doublement.

Voilà en partie les Us et Coutumes de la Baronnie de Bollwiller, différents du Droit romain ou de ceux du reste de la haute Alsace, dont les soussignés ont été instruits depuis qu'ils sont en place, et il y en a sans doute encore d'autres que la mémoire ne leur a pas suggérés; s'ils parviennent à leur connaissance, ils auront l'honneur de faire encore leur rapport à Monsieur le premier Président.

Fait à Bollwiller, le 24 décembre 1738. Signé d'HAVILLE, FELLMANN, procureur fiscal et DIÉTRICH.

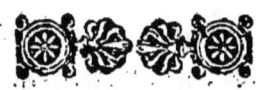

BAILLAGE DE BRONSTATT.

Lettre écrite à M. DE CORBERON par le Bailli du Baillage de Bronstatt, le 6 décembre 1738.

MONSIEUR,

En exécution de la circulaire qu'il vous a plu de me faire l'honneur de m'adresser, en date du 3 de ce mois, je dois avoir celui de vous informer, que dans le baillage de Bronstatt, que je tiens sans autre, il ne m'a apparu d'anciens Statuts ou Lois coutumières, qui puissent former une jurisprudence particulière et sur laquelle on puisse fonder une Coutume locale, sinon aux cas où la Coutume de Ferrette est encore observée, qui sont qu'à défaut de contrat de mariage, les biens des conjoints sont partagés en trois parts, dont le mari survivant prend les deux tiers et les héritiers de la femme, l'autre tiers.

En cas que le mari prédécède sa femme, les héritiers du mari prennent toujours les deux tiers des biens des conjoints.

Que le fils cadet de la famille a droit de préférence sur la maison pour le prix d'estimation et l'option, lorsqu'il y en a plusieurs, aussi suivant l'estimation.

Qu'en cas de retrait lignager, les biens acquis sont indifféremment sujets au retrait, de même et comme les biens d'estoc.

J'ai l'honneur d'être, etc.

Signé FRITZ.

CERNAY.

Nous soussignés bailli et magistrats de la ville de Cernay, étant assemblés en notre hôtel-de-ville audit lieu, en conséquence des lettres circulaires de M. de Corberon, premier président, des 1.er et 9 novembre et 3 décembre 1738, certifions n'avoir aucune connaissance de Coutumes et usages contraires au Droit écrit, si ce n'est le Droit coutumier de Ferrette, par lequel les successions des enfans tombent aux père et mère, à l'exclusion des frères et sœurs. Les maisons paternelles tombent au fils le plus jeune, à l'exclusion des autres frères et sœurs, sur le pied d'estimation faite par des experts, sauf au juge d'augmenter ou diminuer ladite estimation; et les conjoints venant à décéder sans contrat de mariage, leur succession *ab intestat* tombe, savoir : deux tiers au mari ou à ses plus proches héritiers, et le tiers à la femme ou à ses plus proches héritiers, et vingt-cinq livres de Bâle à la veuve pour son douaire. En outre l'usage est que les habits et armes du père tombent aux enfans mâles, et les habits et bijoux de la mère, aux femelles. Au surplus, le Droit coutumier du retrait lignager a lieu pendant l'an et jour; il s'adjuge au plus diligent et premier venu. En outre le dernier vivant des conjoints est en droit de prendre le lit nuptial avant tout partage.

Fait audit Cernay, le 5 août 1739.

Signé Neuville, Golbéry, Mayer et autres, et Vogel, greffier.

CHATENOIS.

US ET COUTUMES DE CE BOURG.

Des Contrats de vente.

Le droit de retrait a lieu dans ce bourg, et dure pendant l'an et jour.

Partage et succession.

Si les conjoints n'ont pas disposé par contrat de mariage ou autres dispositions à cause de mort, le survivant prélève ses apports et héritages, comme biens réservés, et les enfants ou héritiers du conjoint décédé reprennent ses apports et héritages.

Les acquets sont partagés en trois parts, dont deux tiers au mari ou à ses héritiers, l'autre tiers à la femme ou à ses héritiers.

Le survivant prend sur la masse des meubles par préférence le lit nuptial ou un autre lit garni de la maison mortuaire; soit qu'elle provienne du père ou de la mère, cette maison appartient par préférence au fils, moyennant le prix d'estimation, et s'ils sont plusieurs, le cadet l'emporte sur les autres.

Ce droit de préférence ne s'étend pas à la fille cadette.

Les améliorations, comme conversion des terres labourables en vignes; les améliorations des maisons, sont après le décès de l'un ou de l'autre des conjoints, estimées et mises au nombre des acquets partageables comme ci-dessus.

Nous soussignés prévôt, bourguemaître et officiers de justice du bourg de Châtenois, certifions que les Usages ci-dessus mentionnés ont été observés dans ledit bourg depuis un temps immémorial et qu'ils le sont encore aujourd'hui. Certifions en outre que nous n'avons aucune connaissance d'aucune dérogation au Droit commun de la province. En foi de quoi nous avons signé les présentes et à icelles fait apposer notre sceau ordinaire.

Fait audit lieu, le 9 janvier 1789.

Signé MONTMERY, prévôt et autres.

COMTÉ-BAN

DÉPENDANT DE CHATENOIS :

NEUBOIS, DIEFFENBACH, HACH-BACH, St.-MAURICE, NEUVE-EGLISE, BREITENAU, FOUCHY.

LE Droit de retrait a lieu dans le Comté-Ban : mais le temps n'est pas bien fixé. Il y a des anciens qui prétendent qu'il ne doit durer qu'un mois, même dans une des communautés, qui est celle de Fouchy, cela se trouve ainsi inséré dans le livre qui contient les Droits de la communauté ; mais depuis environ vingt ans on a observé le contraire : sa durée étant actuellement d'un an et jour.

Partage des successions.

Si les conjoints n'ont pas disposé par un contrat de mariage ou autrement, le survivant prélève ses apports et héritages comme biens réservés, et les héritiers du prédécédé prennent pareillement ses apports et héritages. Les acquêts sont partagés en trois parts, dont deux tiers au mari ou à ses héritiers l'autre à la femme ou à ses héritiers.

Les fils ont le droit de préférence sur la maison mortuaire, qu'elle provienne du père ou de la mère, et s'il y a plusieurs fils, ce droit compète au cadet, moyennant le prix d'estimation. La fille cadette n'a aucune préférence à cet égard sur les aînées.

Les améliorations des biens, comme conversion des terres labourables en vignes, les augmentations des maisons sont, après le décès de l'un ou de l'autre des conjoints, estimées et mises au nombre des acquêts, partageables comme ci-dessus.

Nous soussignés maires et officiers de justice du Val du Comté-Ban, dépendance du baillage de Châtenois, certifions que les Usages ci-dessus mentionnés ont été observés dans ledit Val depuis un temps immémorial, et qu'ils le sont encore aujourd'hui. Certifions en outre que nous n'avons aucune connaissance d'aucune autre dérogation au Droit commun de la province. En foi de quoi, nous avons signé les présentes à Neuve-Eglise, le 8 janvier 1739.

Signé JOSEPH HUMBERT et autres.

ÉBERSHEIM,
BAILLAGE DE CHATENOIS.

Le droit de retrait lignager a lieu dans ledit village, et dure an et jour.

Partage des successions des conjoints.

Si deux conjoints ne font point de disposition particulière par un contrat de mariage ou autrement, dès la consommation d'icelui, les biens par eux apportés, de même que ceux qui sont hérités ou acquis pendant et constant icelui, sont confondus et partageables, après le décès de l'un ou de l'autre, en trois portions, dont deux appartiennent au mari ou à ses héritiers, l'autre à la femme ou à ses héritiers. Le survivant prend par préciput le lit nuptial ou un autre lit garni; les garçons prennent les habits et meubles servant à l'usage ordinaire du père, et les filles ceux de la mère. Les filles ont le droit de préférence sur la maison ou cour mortuaire, soit qu'elle provienne du père ou de la mère, et s'il y a plusieurs fils, ce droit de préférence compète au cadet : le fils du fils cadet, décédé pendant la vie du père, acquiert ledit droit de préférence. En cas qu'il n'y ait pas de mâles, la fille cadette a ce droit sur les aînées.

Ce droit de préférence sur la cour ou maison n'est pas transmissible par succession, tant que celui auquel il est dû n'a pas remboursé ses cohéritiers; par exemple la mère, héritière de son fils cadet, n'acquiert pas avec sa succession le droit sur la cour; il est transmis au plus jeune des frères du décédé, et toujours en continuant en faveur des mâles, à l'exclusion des femelles, en remboursant néanmoins toujours le prix de l'estimation à ses autres cohéritiers.

Les père et mère ont la jouissance du bien de leurs enfans, jusqu'à leur majorité ou autre établissement.

Nous soussignés prévôt et gens de justice du village d'Ebersheim, dépendant du baillage de Châtenois, certifions par ces présentes, que les usages ci-dessus spécifiés ont été observés dans notre village depuis un temps immémorial et qu'ils le sont encore actuellement. En foi de quoi nous avons signé les présentes et à icelles fait apposer notre sceau ordinaire.

Fait audit lieu, le 3 janvier 1739.

Signé ANTOINE SCHÆFFER, prévôt et autres.

EBERSMUNSTER.

Lettre de M. Chasseur, Bailli d'Ebersmunster, à M. de Corberon, le 19 décembre 1738.

Monsieur,

En exécution de la lettre que vous m'avez fait l'honneur de m'écrire le 3 de ce mois, comme bailli de l'abbaye d'Ebersmünster, je me suis transporté en ladite abbaye pour apprendre de M. l'abbé et des religieux, s'ils ont quelque chose de plus à observer sur des Statuts qui peuvent régler la jurisprudence de leur juridiction, que ce qui m'en est connu. Ils sont convenus avec moi, qu'ils n'ont de juridiction que dans l'enclos de leur abbaye et monastère et de celui au ban de Meistratzheim, qui n'est point habité, et que le cas arrivant, ils n'ont aucun Droit local, ni Coutume qui déroge au Droit romain.

Je suis encore bailli de deux villages, savoir : Blesheim et Mackenheim, à une demi-lieue de Markolsheim. Comme ces villages font partie des terres dépendantes de la noblesse de la Basse-Alsace, la jurisprudence à y observer ne diffère de celle desdites terres, concernant lesquelles le directeur de ladite noblesse doit vous avoir fourni des renseignemens.

J'ai l'honneur d'être, etc.

Signé CHASSEUR.

EGISHEIM.

Nous les vogt, prévôt, bourguemaître et magistrats de la ville d'Egisheim, pour satisfaire au désir de M. le premier Président, déclarons par les présentes que par l'usage, confirmé par Guillaume, évêque de Strasbourg, en 1533, en faveur de la ville et prévôté d'Egisheim, dans les successions on observe, au décès de l'un des conjoints, s'il n'y a point d'enfans, que les plus proches héritiers du défunt héritent et prennent pour leur part les biens-immeubles provenant de la ligne du décédé, s'ils sont encore existans et n'ont pas été changés; mais au cas que les biens ont été changés, ils en prennent deux tiers, et la femme ou ses héritiers un tiers; et au cas qu'il y ait des enfans procréés du mariage, alors si le mari meurt le premier, les enfans prennent les deux tiers de la masse de toute la succession, et si la femme meurt la première, le mari survivant prend les deux tiers, et les enfans un tiers; s'il n'y a pas d'autres actes passés entre les conjoints qui dérogent.

Il est aussi d'usage que l'on observe en cette ville et prévôté d'Egisheim, que si après le décès de père ou mère, il se trouve une ou deux maisons, que les fils ont le droit de préférence, et le fils cadet, s'il est en état, choisit le premier, celle qu'il veut, sur le prix de l'estimation, qui est faite ordinairement par le magistrat, après qu'il a examiné et visité lui-même la maison, depuis le haut jusqu'en bas, ayant pris l'avis des héritiers et tuteurs.

« Ce qui suit concerne les inventaires et comptes
« de tutelle, et les amendes pour délits fores-
« tiers et ruraux, et pour contravention aux ré-
« glemens de police. » Nous ne transcrivons pas tout cela, parce que cela n'est plus d'aucun intérêt.

Signé F. ANSELM, J. BROBECKER, G. PORBER, JEAN-GASPARD FUCHS et J. DENTZ. Sans date.

ESCHERSWILLER.

Lettre du Bailli d'Escherswiller à M. DE CORBERON, du 30 décembre 1738.

MONSIEUR,

J'AI l'honneur de vous informer en conformité de vos ordres, qu'il y a un Droit coutumier dans ce baillage, concernant les partages, qu'à défaut de contrat de mariage, après le décès de l'un des conjoints, le mari ou les héritiers prennent deux tiers et la femme un tiers de toute la succession, avec une dot de 25 livres stæbles, ou 33 liv. 13 s. 4 d., et la demeure accordée dans la maison pendant le veuvage, et faute de maison, 33 liv. 13 s. 4 d., et la maison accordée au cadet, et faute de fils, à la fille aînée, pour l'estimation, faite ordinairement à terme.

Agréez, etc.   Signé GŒTZMANN.

FOUSSEMAGNE

ET

FONTAINE.

Lettre du Bailli de Foussemagne et Fontaine à M. DE CORBERON, du 4 juin 1739.

MONSIEUR,

Depuis le peu de temps que j'exerce l'office de bailli dans le comté de Foussemagne et Fontaine, j'ai pris soin de m'instruire des Us et des Coutumes qui y l'ont été observés jusqu'à présent, dérogeant au Droit romain, pour pouvoir, en conséquence de vos ordres, vous en rendre compte.

Je trouve 1.° un Usage, connu sous le nom de Coutume de Ferrette, selon lequel il y a Droit de communauté de biens entre le mari et la femme, dans laquelle entrent indistinctement tous les biens des deux conjoints, de sorte que la femme ne conserve ni dot, ni biens paraphernaux; et à la dissolution de cette communauté, le mari ou ses héritiers y prennent les deux tiers et la femme le troisième, sans avoir égard au plus ou au moins que l'un ou l'autre a apporté ; mais quelqu'ancien que soit cet usage, il n'est pas généralement approuvé ; l'inégalité qu'il renferme dans sa disposition fait que bien souvent les sujets qui y seraient soumis y dérogent par des stipulations contraires, dans leur contrat de mariage.

2.° Nous suivons l'ordre des successions réglé par la Nov. 118, sauf que les frères germains sont exclus, comme les autres collatéraux, de la succession du défunt par les père et mère. Enfin l'on a toujours observé ici, de donner un tuteur à l'adulte, comme au pupille, et la tutelle ne finit qu'à la majorité, sans distinction de sexe, à moins que le mineur ne se marie avant cet âge.

Voilà, Monsieur, tout ce qui est venu à ma connaissance ; si dans la suite je découvre quelqu'autre différence, je me ferai un devoir de vous en faire part.

J'ai l'honneur d'être, etc.

Signé HANN.

BARONNIE DE FLECKENSTEIN.

Lettre du Bailli de la Baronnie de Fleckenstein a M. DE CORBERON, du 20 décembre 1738.

Monsieur,

Il n'y a dans le Baillage de la Baronnie de Fleckenstein d'autres Coutumes particulières que celles 1.° sur le retrait lignager, qui ne peut s'exercer que pendant quinze jours après la passation du contrat au greffe.

2.° Que les mineurs n'entrent en jouissance du bien de leur père ou mère décédé, qu'à l'âge de quinze ans accomplis : le survivant devant en jouir jusqu'à cet âge.

3.° On ne bonifie aucuns meubles dans les partages; mais simplement les immeubles de la femme vendus par le mari, à moins qu'il n'y ait contrat de mariage, par lequel il conste que la femme ait apporté une somme d'argent en dot à son mari, laquelle, en ce cas, est également bonifiée à la femme ou à ses héritiers.

Les autres contestations se règlent par le Droit romain.

J'ai l'honneur d'être, etc. Signé : JOST.

FORT-LOUIS (du Rhin).

Points et articles du Droit particulier que l'Usage a établi dans ladite Ville et son District.

1.º Un immeuble ou fonds, porté en dot par la femme, peut être aliéné et hypothéqué par le mari, lorsque la femme, d'ailleurs majeure, y consent.

2.º La dot de la femme constituée à cette dernière n'est pas préférée aux dettes hypothécaires du mari antérieures au contrat de mariage.

3.º Le mari a deux tiers dans la communauté et la femme un tiers, à moins que leur contrat ne contienne des dispositions contraires à cet Usage.

4.º Les père et mère et autres ascendants excluent de la succession de leurs enfans et autres descendants les frères germains, les sœurs germaines et tous les collatéraux de leurs dits enfans et autres descendants.

5.º L'homme survivant à sa femme ou la femme à son mari, et convolant en secondes noces, ayant des enfans de leur mariage, les biens venus du prédécédé au survivant, à titre de propriété, soit comme gains acquis par leur contrat de mariage, par testament ou autres dispositions, ne sont pas affectés, par les secondes noces, aux enfans du premier mariage, mais la propriété en demeure acquise au survivant, qui en dispose comme de ses autres biens.

6.° Des immeubles et biens-fonds aliénés et vendus à un autre qu'à un parent du vendeur, peuvent être retirés par un des parents du vendeur, par Droit de retrait, dans l'an et jour du contrat, en faisant des offres réelles de rembourser à l'acquéreur le prix de la vente, les frais et loyaux-coûts.

Nous les Prévôt royal, Procureur du Roi, Bourguemaître et Magistrats de la ville du Fort-Louis, en basse Alsace, certifions et attestons que les points et articles de Coutume ci-dessus, au nombre de six articles, ont toujours été pratiqués et usités dans le district de ladite ville. En foi de quoi nous avons signé les présentes au Fort-Louis du Rhin, à l'hôtel commun de la ville, le 23 décembre 1738. Signé DROLENVAUX DE BELLEFOSSE et autres.

GEISBOLSHEIM,
BAILLAGE DE BŒRSCH.

L'AN 1739, le cinquième jour du mois de janvier, pardevant nous François-Ignace Barthmann, Bailli du Baillage de Bœrsch, et notamment du village de Geisbolsheim, sont comparu les Prévôt, Bourguemaître, Jurés et Députés de ladite communauté, dépendante de la Seigneurie et Baillage de Bœrsch, appartenant à LL. AA. EE. Mesg." les Princes et Comtes du grand-chapitre de l'évêché de Strasbourg, lesquels, après leur avoir communiqué la lettre à nous adressée par M. de Corberon, premier Président du Conseil souverain d'Alsace, en date du 3 décembre dernier, nous ont dit:

Qu'outre la Coutume provinciale, laquelle est, que le mari ou ses héritiers ont deux tiers dans les biens de la communauté conjugale, et que la femme ou ses héritiers n'en ont qu'un tiers, soit meubles ou immeubles; que père et mère, l'un de leurs enfans venant à mourir sans descendans et ab intestat, héritent seuls et à l'exclusion et sans concurrence des autres enfans.

Qu'il y aurait encore un Us local qui est, qu'en fait de vente et aliénation d'immeubles, les plus proches parents en peuvent faire le retrait dans un mois et jour, à commencer du jour que les vins ont été bus et la vente rendue publique au cabaret du lieu dans lequel les biens sont situés, à charge par le retrayant de payer ou rembourser le prix principal avec les loyaux-coûts, si non et faute de ce faire dans le délai ci-dessus, ils sont exclus de ce droit.

A l'égard de la dot, elle consiste dans un arpent

ou un demi, selon la transaction des parties et suivant la proportion de leurs richesses. Le prévôt du lieu est en droit d'assister au partage, et les héritiers se trouvant ensemble dans la maison mortuaire, doivent lui donner la main, en place de serment, pour bien déclarer tout ce qui pourrait appartenir à ladite succession; déclarant en outre lesdits Prévôt et Jurés de ladite communauté qu'ils n'ont aucun autre Droit particulier qui déroge à la disposition du Droit romain.

De tout quoi ils ont requis acte que nous leur avons octroyé, et ont signé avec nous. Fait à Geisbolsheim, les jour et an que dessus. Signé Jean-Michel JANNS et autres, BARTHMANN et SCHÖN, Greffier.

GRANVILLARS, BAILLAGE.

Nous Baillis et Officiers de la seigneurie de Granvillars, Morvillars, Mézire, Théoncourt et Bourogne, pour satisfaire à l'ordre de M. de Corberon, Chevalier, premier Président du Conseil souverain d'Alsace, certifions que dans lesdites seigneuries, nous ne savons aucuns Usages ni Coutumes qui soient contraires au Droit écrit, sauf la Coutume dite de Férrette, qui est observée dans lesdites seigneuries, par laquelle Coutume la succession des enfans décédés sans descendans, remontent à leur père et mère, à l'exclusion des enfans.

Dans les mariages sans contrat les biens se partagent, savoir : les deux tiers au mari survivant ou à ses héritiers, et l'autre tiers à la femme ou à ses héritiers, et en cas de décès de père et mère, leur maison tombe au fils le plus jeune sur le pied de l'estimation.

Fait ce 21 février 1739. Signé le Bailli, le Procureur fiscal et JOLY, greffier.

HERLISHEIM, SEIGNEURIE.

HATTSTATT, VOEGLINSHOFFEN, HUSEREN ET SULZBACH.

Nous François-Gabriel Klie, Bailli de la seigneurie de Herlisheim, pour satisfaire au désir de M. de Corberon, premier Président du Conseil souverain d'Alsace, déclarons que dans notre baillage et lieux en dépendans, savoir : Hattstatt, Vöglinshoffen, Hüseren et Sulzbach, on observe par ancien usage le Droit de retrait lignager, savoir que le plus proche parent du vendeur d'un bien a le droit de le retirer pendant l'an et jour aux mêmes conditions que le contrat a été passé.

On observe aussi dans les succession où il y a des maisons, que les fils ont la préférence de les garder avant les filles, sur le pied de l'estimation, et le cadet des fils a le droit de choisir avant les autres fils, s'il est en état de la posséder.

Suivent des objets qui ne sont plus d'aucun intérêt.

Fait à Herlisheim, le 23 décembre 1738.

Signé : Klie.

HIRSINGEN,

Comté de Montjoie.

EMÉRICOURT, RUDERBACH, BISCH ET BRUEBACH.

Nous soussignés bailli, procureur fiscal, maire, jurés et les plus anciens bourgeois de Hirsingen, Eméricourt, Ruderbach, Bisch et Bruebach, comté de Monjoye, attestons que l'Usage de succéder dans lesdits villages est le suivant :

Lorsque l'un des deux conjoints vient à décéder sans contrat de mariage, ni autre disposition, et sans laisser des enfans, tous les biens généralement quelconques, tant meubles qu'immeubles, sont partagés des deux tiers au tiers, dont le mari ou ses plus proches parents prennent les deux tiers et la femme ou ses plus proches l'autre tiers.

Que si un desdits conjoints vient à décéder sans contrat de mariage, ni autre disposition, mais en laissant des enfans, et que le premier décédé est le mari, les enfans prennent en ce cas les deux tiers de toute la succession, en quoi elle puisse consister, et la veuve l'autre tiers ; si au contraire la femme décède la première, le mari prend les deux tiers et les enfans l'autre tiers. Que les enfans sont hérités par leurs père et mère, à l'exclusion de leurs frères et sœurs, et que lorsqu'il y a dans la succession une cour, une maison, ou un cheval, le fils cadet a la préférence, pour le prix de l'estimation, et au cas qu'il n'y ait point de fils, les filles tirent indistinctement au sort ou lot, pour ledit immeuble, suivant le même prix d'estimation.

En foi de quoi avons signé les présentes.

Fait le 2 janvier 1739.

Signé Kieffer, bailli, Stöckel, procureur fiscal, Hell, greffier et autres.

LAMBERTHEIM.

L'AN 1739, le huitième jour du mois de janvier, pardevant nous François-Joseph Barthmann, bailli du baillage de Bœrsch, notamment du village de Lambertheim, sont comparu les prévôt, bourguemaître, jurés et députés de ladite communauté, dépendante de la seigneurie et du baillage de Bœrsch, appartenant à LL. AA. EE. Messeigneurs les princes et comtes du grand-chapitre de l'évêché de Strasbourg, lesquels, après leur avoir communiqué la lettre à nous adressée par M. de Corberon, premier président du Conseil souverain d'Alsace, en date du 3 décembre dernier, nous ont dit, qu'outre la Coutume provinciale, laquelle est que le mari ou ses héritiers ont deux tiers dans les biens de la communauté conjugale, et que la femme ou ses héritiers n'en ont que le tiers, soit meubles ou immeubles, et que père et mère, un de leurs enfans venant à mourir sans descendans et *ab intestat*, l'héritent seuls, à l'exclusion et sans concurence des autres enfans, il n'y en aurait aucune autre locale, si ce n'est, 1.° que les biens que père et mère donnent à leurs enfans en mariage, après leur décès, les enfans sont tenus de les rapporter au partage et sont partageables entre tous les héritiers.

2.º Ce qui regarde la dot, elle reste comme un bien propre.

3.º Si le mari ou la femme venait à décéder, délaissant des enfans mineurs, les plus proches parents s'assemblent pardevant le prévôt pour choisir des tuteurs auxdits mineurs, lequel prévôt leur fait prêter serment; et à l'égard des meubles qui peuvent appartenir auxdits mineurs, le prévôt les enferme dans un coffre et les met en dépôt chez leur tuteur, desquels celui-ci est obligé de répondre et de rendre compte sa tutelle finie.

4.º Quant au contrat de mariage, il se fait suivant la Coutume provinciale, laquelle est que le mari ou ses héritiers ont deux tiers dans les biens de la communauté conjugale, et que la femme ou ses héritiers n'ont qu'un tiers dans les biens de cette communauté; mais il n'arrive guères souvent que ce contrat ne se fasse pas avec des conditions à part.

Déclarons en outre, nous lesdits prévôt et jurés deladite communauté, que nous n'avons aucun autre Droit qui déroge à la disposition du Droit romain.

De tout quoi ils ont requis acte que nous leur avons octroyé et ont signé avec nous.

Fait à Lambertheim, les jour et an que dessus.

Signé Ignace SCHREIBER, prévôt; BARTHMANN, SCHŒN, commis-greffier et autres.

LA PETITE-PIERRE

ET

REICHSHOFFEN, Baillages.

~~~~~~~~~~~~~~~

Lettre du Bailli de La Petite-Pierre et Reichshoffen, à M. DE CORBERON, du 7 janvier 1734.

Monsieur,

J'ai eu l'honneur de répondre, le 15 décembre dernier, à votre lettre du 3 du même mois, et je suis surpris que vous ne l'ayez pas reçue.

Je vous mandai que dans le baillage de Reichshoffen, il n'y avait rien de ce que votre lettre contenait et que la Coutume générale de l'Alsace y était suivie; mais que quant au baillage de La Petite-Pierre, il est régi par une Coutume particulière, faite par les princes de Veldenz, laquelle traite amplement des donations, testaments, contrats de mariage, et est beaucoup différente de celle d'Alsace.

« La prévôté de Phalsbourg, qui autrefois faisait partie du baillage de La Petite-Pierre, est régie par la même Coutume, qui contient quatre à cinq mains de papier, d'un caractère et d'un allemand antiques et difficiles à lire et à comprendre. C'est un original signé du prince George-Jean, et cette Coutume se trouve sans date.

Si vous souhaitez, Monsieur, avoir copie de quelques uns de ses articles, faites-moi la grâce de m'adresser vos ordres, je vous les enverrai.

J'ai l'honneur d'être, etc.

Signé FOUQUEROLLE.

Notre manuscrit ne contient rien de plus concernant ces deux baillages, et il paraît que M. de Corbéron, n'en demanda pas davantage à un bailli, qui avouait ne pouvoir ni lire, ni comprendre le statutaire en question; aussi aurions-nous passé la susdite lettre sous silence, si nous n'avions appris tout récemment, que l'original dont M. Fouquerolle parle, se trouvait déposé au parquet de la Cour royale de Colmar; il nous a été permis de le lire à loisir.

C'est un in-folio, non pas de quatre ou cinq mains de papier, mais de 347 feuillets ou 693 pages, écrites à mi-marge, en caractères nets et que tout homme, tant soit peu familiarisé avec l'écriture de ce temps-là, peu lire très-aisément. L'allemand en est vieux, mais fort intelligible. Ce manuscrit est intitulé : Lützelsteiner Lands-Ordnung, la finale porte geschen und geben in unser...

suit un blanc réservé, pour y mettre le nom du lieu de résidence du prince et la date, au bas de cette lacune se trouve la signature en ces termes : Georg-Hanns Pfaltz = Graff und Graff zu *Veldentz*; avec un paragraphe dans lequel on remarque les lettres M. P., qui signifient *manu propria*.

Ce manuscrit est divisé en quatre parties.

La première est une organisation judiciaire et un Code de procédure.

La deuxième partie traite des contrats, conventions, servitudes, etc. Nous y avons remarqué, ainsi que dans la troisième et la quatrième partie, que ce Statutaire a pris le Droit romain pour base, sauf les exceptions, et qu'il a beaucoup de concordance avec le grand statutaire du Palatinat, Churfürstliches Pfaltz bey Rhein, etc. Land Recht. « Quant aux contrats de mariage,
« ce Statutaire laisse pleine et entière liberté aux
« parties de régler leurs pactions matrimoniales
« à volonté et de les modifier ou changer, d'un
« commun accord, durant le mariage. »

Ce Statutaire admet « le retrait lignager, en
« faveur de celui qui, au moment de la vente,
« se trouve le plus proche héritier présomptif
« du vendeur, et si cet héritier est mineur ou
« incapable de contracter en faveur de celui qui,
« à défaut dudit mineur ou incapable, serait le
« plus proche héritier du vendeur.

« Le délai pendant lequel le retrait peut s'éxer-
« cer est de deux mois, si le retrayant est pré-

« sent, et de quatre mois s'il est absent, à comp-
« ter, dans l'un et l'autre cas, du jour de la
« passation de la vente, pardevant le greffier
« tabellion de la juridiction, ou du jour de l'in-
« sinuation de cette vente audit greffe; car si
« la vente était faite autrement, les susdits délais
« ne courraient que du jour de la susdite insi-
« nuation. »

La troisième partie traite des testaments et autres dispositions à cause de mort, des substitutions, *fidéicommis*, légitimes, de l'exhérédation, des inventaires, etc.

La quatrième et dernière partie traite des successions *ab intestat* et des partages.

« Remarquez que ce que nous allons rapporter, règle uniquement les parties intéressées, à défaut de contrat de mariage, de pactions matrimoniales quelconques, de testaments, codiciles, en un mot, des cas où celui où celle qui délaisse une succession, a négligé de manifester sa volonté ou son intention par une disposition écrite, ainsi que le démontre l'intitulé de cette quatrième partie :

Von der Erb oder Verlassenschafft deren so ohn Testaments oder Sonder Gemecht abgestorben, wie es darinn zu halten; plus loin il est dit : wollen daß diese Erbordnung allein von ledigen Erbfellen zu verstehen.

« De quelle manière le conjoint survivant
« hérite son conjoint prédécédé, sans

« délaisser d'enfans de leur union, ni
« d'un précédent mariage.

« 1.ᵉ En cas de prédécès de l'un des époux
« *ab intestat* et à défaut de pactions et conven-
« tions spéciales, le survivant n'héritera plus à
« l'avenir le prémourant, ainsi que cela était
« de coutume en plusieurs lieux de notre prin-
« cipauté; mais si Dieu veut qu'un mari décède
« avant sa femme, sans délaisser d'enfans de leur
« mariage, ni d'une union précédente, on com-
« mencera par payer les dettes.

« Ces dettes seront payées de la manière sui-
« vante :

« Au plus tard dans le mois du décès, il sera
« procédé à un inventaire judiciaire de tous les
« biens meubles et immeubles sans exception et
« appartenans, soit en propre, soit en com-
« mun, aux deux époux.

« Les dettes faites conjointement par les deux
« époux seront payées des acquets de leur com-
« munauté, et si ces acquets ne suffisent pas pour
« éteindre les dettes, ce qui manquera sera pris sur
« les propres de son mari, mais si le mari a seul con-
« tracté les dettes et sans le concours de sa femme,
« par prodigalité, inconduite et déréglement,
« elle seront payées, non sur les acquets de la
« communauté, mais sur la part du mari dans
« ces acquets, c'est-à-dire, sur sa moitié et en cas
« d'insuffisance, sur les propres du mari; de fa-
« çon que la femme puisse prendre franche et

« quitté sa moitié desdits acquêts et conquêts. »

Pour ne pas nous répéter inutilement, nous dirons que les susdites dispositions sont édictées contre la femme, si les dettes à payer proviennent de son fait et de son inconduite.

Partage.

« Les dettes payées, la femme survivante prend
« avant tout ses habits, ses bijoux et tout ce qui
« est à l'usage de son corps, si cela existe en
« nature au moment du décès du mari : mais
« non pas ce qui aurait été acheté ou fait des
« deniers de la communauté depuis ce décès.
« Elle reprend ensuite sa dot, ses apports, héri-
« tages et tout ce qui lui est échu et avenu, tant
« mobilier qu'immobilier, y compris ou sa Mor-
« genganb, ou le douaire que son mari défunt lui
« aurait constitué, le tout franchement et quit-
« tement, les existans en nature et les inexis-
« tans, d'après une estimation dont la valeur se
« prendra sur les acquêts de la communauté et
« en cas d'insuffisance d'iceux, sur les propres
« du mari. Les habits et bijoux de la femme,
« vendus pendant le mariage, ne seront pas es-
« timés ni bonifiés, à moins qu'il ne soit jus-
« tifié que la valeur des susdits objets vendus
« est d'une certaine importance, que le prix en
« a été employé aux besoins du ménage, et que
« depuis la vente desdits objets, le mari n'en
« a pas donnés à sa femme d'autres en rempla-
« cement.

« Dans le cas cependant où le bien de la fem-
« me n'existerait plus par sa propre faute ou con-
« duite déréglée, ou par un malheur survenu,
« le tout à l'insu du mari et sans sa faute ou
« participation, si une maison ou une grange,
« appartenante à la femme, a été incendiée, si
« elle est tombée en ruine par vétusté, si un
« champ a été dévasté ou enlevé par l'eau, il ne
« sera rien bonifié à la femme.

« Si, hors le cas de prodigalité ou d'incon-
« duite du mari, ou de malheur et d'accident,
« à raison de tout quoi il n'est dû ni indem-
« nité, ni remplacement, tout ou partie des
« biens propres du mari, avait été employé aux
« besoins et nécessités du ménage, remploi en
« sera fait au mari sur les acquets et conquets
« de la communauté et d'après l'estimation et le
« surplus de ces acquets et conquets, sera par-
« tagé par égale moitié entre les conjoints.

« La femme survivante ayant exercé ses repri-
« ses comme il est dit ci-dessus, et pris en ou-
« tre sa moitié des acquets et conquets de la
« communauté, si aucuns il y a, ladite femme
« héritera en outre en toute propriété de la moi-
« tié de la généralité de la fortune de son mari
« prédécédé.

« L'autre moitié aviendra aux héritiers dudit
« mari, mais la femme survivante en conservera
« l'entier usufruit sa vie durante, et après sa
« mort seulement, les héritiers du mari pourront
« prendre ladite moitié.

« Si c'est la femme qui prédécède le mari, après l'inventaire fait, prendra ses habits, bijoux et ce qui sert à l'usage de son corps et selon sa condition, son cheval de bataille ou de monture, ses armes et sa cuirasse, les instrumens ou outils de son métier ou de sa profession, et s'il est paysan ou voiturier, et qu'il ait quatre ou plus de chevaux, bœufs ou taureaux de trait, il en prendra deux à son choix; s'il n'en a que deux ou trois, il en prendra un; s'il n'en a qu'un, il le prendra. S'il se trouve dans le cas de prendre deux chevaux ou deux bœufs, ou deux taureaux de trait, il prendra en outre un chariot complet avec ses accessoires. S'il ne peut prendre qu'une seule bête de trait, il prendra une charrette avec ses accessoires, le tout à son choix et avec les harnais, plus les ustensiles de labour, ce que l'on entend par ſchiff und geſchirr.

« Plus il reprendra ce qu'il a apporté en mariage, et tout ce qui lui est échu et avenu de sa ligne, et du tout les inexistans d'après une équitable estimation.

« Quant au paiement des dettes et au remplacement des inexistans, il en sera comme il est dit ci-dessus à l'article concernant le cas de survie de la femme.

« Le mari héritera en pleine propriété de la moitié de la totalité de la fortune de sa femme prédécédée : l'autre moitié échoira aux héritiers de cette dernière; mais le mari en conservera l'entier usufruit sa vie durante.

De quelle manière le conjoint survivant hérite de son conjoint prédécédé, sans laisser d'enfants de leur union, mais en en délaissant d'un précédent mariage.

« Dans ce cas, les dettes payées et les reprises
« faites, le tiers des acquêts et conquets appar-
« tiendra en toute propriété au conjoint survi-
« vant, ainsi que le tiers des apports et propres
« du prédécédé; les deux autres tiers de la suc-
« cession du prédécédé appartiendront aux en-
« fans de ce dernier, issus d'un précédent ma-
« riage, quel que soit leur nombre.

De quelle manière le conjoint survivant hérite de son conjoint prédécédé, délaissant des enfans de leur union, mais non d'un précédent mariage.

« Dans le cas, les dettes payées et les reprises,
« purement mobilières et spécifiées plus haut,
« ainsi que la reprise de la 𝕸orgengaab ou douaire,
« faites, tout le surplus de la fortune mobilière
« et immobilière des deux époux, sans en rien
« excepter, se partagera entre l'époux survivant
« et ses enfans par moitié, s'il n'y a que quatre
« enfans ou moins; mais s'il y a cinq enfans ou
« plus, l'époux survivant n'aura que le tiers et les
« enfans les autres deux tiers.

Jouissance du bien des enfans.

« L'époux survivant aura la jouissance de la
« susdite part échue à ses enfans, jusqu'à leur
« majorité ou établissement, à charge de pour-
« voir à leur entretien et éducation selon leur
« condition.

« Quant à ce qui aviendra aux enfans par
« testament, donnation ou autrement, leur père
« ou mère n'en auront pas la jouissance, mais
« le produit ou revenu sera à leur profit, sous
« l'administration d'un tuteur.

Le Statutaire prévoit le cas où le père ou la mère abuserait de la jouissance qui lui est concédée ci-dessus, ou négligerait l'éducation des enfans, et il prive dans l'un et l'autre cas, ce père ou cette mère coupable, de la susdite jouissance. Par contre le Statutaire dispose que « si
« l'époux survivant use de son usufruit en bon
« père de famille, qu'il entretienne et élève ses
« enfans honnêtement et convenablement, et que
« ce survivant reste dans un honorable veuvage,
« il conservera le susdit usufruit sa vie durante,
« en juste récompense de sa conduite, à charge
« de pourvoir à l'établissement de ses enfans
« lorsqu'ils auront l'âge d'en former un, ou de
« leur donner une dot convenable, s'ils se ma-
« rient avec le consentement de leurs dits père
« ou mère.

« Ladite jouissance viagère, rémunératoire à
« charge de doter, aura cependant lieu en fa-

« veur du conjoint survivant, alors qu'il convolera
« en secondes noces, honnêtement et pour l'a-
« vantage de ses enfans du premier lit, et du
« consentement de ceux-ci et des parents du pré-
« décédé, et s'il s'élève dans ce cas quelque con-
« testation, la justice en décidera.

*De la manière d'hériter si le conjoint pré-
décédé délaisse des enfans du mariage
que sa mort vient de dissoudre et des enfans d'un mariage précédent.*

« Dans ce cas, on commence par partager la
« succession comme il est dit ci-dessus, et com-
« me s'il n'existait pas d'enfans d'un précédent
« mariage, entre le conjoint survivant et les en-
« fans du dernier lit, et selon le nombre de ces
« derniers ou par moitié ou des deux tiers au
« tiers, ensuite on partage ce qui est ainsi ave-
« nu aux enfans par tête et par égale portion
« entre tous les enfans de l'un et de l'autre
« lit.

*Comment on doit agir, lorsqu'au décès de l'un
des conjoints, il existe des enfans de leur
union et encore des enfans que chacun de
ces conjoints a eus d'un précédent mariage,
et avec lesquels enfans chacun desdits conjoints a déjà fait partage.*

« Dans le cas ou un veuf et une veuve, ayant

« chacun des enfans, avec lesquels ils eussent
« fait partage, conformément aux Statuts, se ma-
« rieraient ensemble, et que l'un des deux pré-
« décédât délaissant encore des enfans de cette
« dernière union, le survivant partagera avec
« ses enfans du dernier lit, selon les Statuts, et
« les enfans partageront à leur tour ce qui leur
« aviendra ainsi avec leurs frères et sœurs con-
« sanguins ou utérins, comme ils partageront
« ensemble, ce qui leur aviendrait plus tard de
« leur père commun ou de leur mère commune,
« qui aurait survécu, la portion des acquets de
« la dernière communauté avenue au père ou à
« la mère, et que les enfans du dernier lit gar-
« deront sans être tenus de partager ladite por-
« tion avec leurs utérins, s'il elle vient de leur
« père, ou avec leurs consanguins, si elle vient
« de leur mère.

En marge de cet article est écrit ce qui suit :
« Part d'enfant. Par sentence rendue au bail-
« lage de La Petite-Pierre, le 22 mai 1782, il
« avait été adjugé à Nicolas Ott, échevin à Durs-
« tel, une part d'enfant dans la succession de feu
« Anne-Marie Bicher sa seconde femme. Cette
« sentence a été confirmée par arrêt du Conseil
« souverain d'Alsace, rendu sur instance d'ap-
« pointement, le 29 janvier 1787. Cette anno-
« tation est signée GALLAND, bailli.

Comment on doit agir lorsque, dans le cas
précédent, un ou plusieurs enfans vien-
draient

draient, après le susdit partage fait, à décéder en état de célibat.

« La portion avenue par ledit partage audit en-
« fant, et tout ce qui lui est avenu depuis par
« héritage ou autrement, sera partagé par égale
« portion entre ses frères et sœurs germains et
« son père ou sa mère survivant.

De quelle manière les enfans et descendants succèdent à leurs père, mère, aïeul, aïeule et autres ascendants.

« Les enfans hériteront de leurs père ou mère
« par tête et par égale portion; mais dans le cas
« où, au décès du dernier survivant desdits époux,
« il y aurait des enfans qui, à raison de leur
« âge et de leur éducation, pourraient être répu-
« tés, au regard de leurs frères et sœurs, avan-
« tagés, au détriment de ces derniers, par un
« partage égal, la justice aura égard que cet avan-
« tage ne soit pas trop fort, et elle déterminera
« un préciput équitable en faveur de ceux des
« enfans qui, sans cela, seraient doublement à
« plaindre et à raison de la perte de leurs parents
« et à raison du défaut d'éducation que le bas
« âge de ces enfans ne permettait pas auxdits
« parents de leur donner.

« Les petits-enfants concourront, non par tête,
« mais par représentation de leurs père ou mère,
« avec leurs oncles ou tantes, et prendront la part

« qui serait avenue à leursdits père ou mère; ce
« qui aura lieu à l'égard de tous autres descen-
« dants qui ne seront jamais exclus de la succes-
« sion de leurs bis-aïeux, tris aïeux, etc.; mais
« y viendront utilement par représentation de
« leurs père, mère, aïeul ou aïeule.

Comment les aïeux, bis-aïeux, tris-aïeux, etc., héritent leurs enfans et autres descendants.

« A défaut de descendants aucuns de la per-
« sonne décédée, sa succession sera partagée par
« égale moitié entre son père et sa mère survi-
« vants, ou bien elle aviendra en totalité à celui
« des deux qui aura survécu sondit enfant; si à
« défaut de père ou mère, le décédé a laissé
« aïeul ou aïeule paternels et aïeul et aïeul ma-
« ternels, ces quatre aïeux partageront sa succes-
« sion par égale portion; mais lorsqu'il n'existera
« qu'un aïeul d'une ligne et deux de l'autre, la
« succession aviendra par moitié à chaque ligne;
« par conséquent, les deux aïeux d'une ligne au-
« ront chacun le quart, et l'aïeul unique de l'au-
« tre ligne aura la moitié de ladite succession;
« il en sera de même à l'égard des autres ascen-
« dants, mais toujours de manière que l'ascen-
« dant le plus proche exclura dans sa ligne l'as-
« cendant plus éloigné.

Préférence du double lien.

« Si le décédé laisse père et mère ou l'un des

« deux, et en même temps des frères et sœurs
« germains, sa succession sera partagée par égale
« portion entre ces derniers et son père et sa
« mère ou l'un des deux survivant. Dans ce par-
« tage les neveux et nièces du défunt seront ad-
« mis par représentation de leurs père ou mère,
« germain dudit défunt. Il en sera de même, si
« dans le cas d'existence de ces collatéraux, le
« décédé laisse, à défaut de père et mère, des
« aïeux ou des bis-aïeux, etc. Dans tous ces cas
« les unilatéraux du défunt sont exclus. »

Des successions collatérales.

« A défaut de descendants et ascendants, les
« frères et sœurs germains du défunt hériteront
« seuls à l'exclusion des unilatéraux, et les enfans
« des germains viendront par représentation
« prendre la part que leur père ou leur mère au-
« rait prise.

« Si le défunt ne délaisse ni frères ni sœurs
« germains, mais seulement des enfans de ceux-
« ci, ces enfans hériteront par tête, quel que soit
« leur nombre.

« A défaut des susdits héritiers, les unilatéraux
« du défunt ou leurs enfans hériteront de la ma-
« nière indiquée ci-dessus.

« Si le défunt délaisse un frère ou une sœur
« unilatérale, et que d'un frère germain ou d'une
« sœur germaine il existe des petits-enfans, tous
« hériteront par moitié pour le côté unilatéral et
« par moitié pour les susdits petits-enfans.

« A défunt des susdits héritiers, la succession
« du défunt appartiendra à son plus proche pa-
« rent du côté paternel ou maternel.

LANDSER (BAILLAGE.)

Lettre du Bailli de Landser à M. DE CORBERON, de janvier 1739.

MONSIEUR,

JE me donne l'honneur de vous envoyer ci-joint un mémoire contenant les Us et Coutumes établis dans mon baillage et qui dérogent au Droit romain. J'espère que V. G. le trouvera conforme à ses intentions. Le dernier article, concernant les dettes passives, me paraît onéreux aux créanciers et odieux aux héritiers dispensés, chacun séparément, du paiement en entier des dettes de son père; d'ailleurs les intérêts qui s'accumulent, absorbent souvent les fonds, ce qui n'arriverait pas si, après l'inventaire, on vendait jusqu'à concurrence des dettes, pour partager le restant.

J'ai l'honneur d'être, etc.

Signé GŒTZMANN.

Mémoire des Us et Coutumes introduits dans la Seigneurie du Haut-Landser et Grand Hœsingen, dérogeant au Droit romain, fait en conséquence de la lettre circulaire de M. le premier Président du Conseil souverain d'Alsace, du 3 décembre 1738.

Au défaut de contrat de mariage entre deux conjoints, la dot de la femme est réglée par la Coutume à 25 livres Stables, qui font 33 liv. 6 sl. 8 den. argent de France; laquelle somme lui tient lieu de douaire après le décès de son mari.

Pour ce qui regarde le partage, s'il n'y a pas de contrat de mariage et si le père prédécède, les enfans prennent les deux tiers de la succession et la femme survivante l'autre tiers; les mâles prennent les habits de leur père et les armes. S'il n'y a qu'une maison, elle est estimée à bas prix et laissée aux cadets des garçons au prix de l'estimation, de laquelle il paie à ses frères et sœurs à chacun sa part, dans les termes convenus entre les parties ou réglés par justice, et ce cadet est mis en possession par le partage; mais si le cadet vient à décéder sans enfans, la maison revient au cadet des survivants, et ainsi en remontant jusqu'à l'aîné. S'il y a plusieurs maisons, le cadet des enfans mâles a le choix et la préférence sur la maison qu'il aura choisie; les autres maisons sont estimées au profit des mâles, en commençant par le plus jeune, et s'il y a moins de maisons que d'enfans mâles, on délaisse aux autres et ce à chacun un héritage, soit jardin, verger, prairie, vigne ou terre labourable et ces héritages, de même que les maisons, sont estimés à bas prix. Si le nombre des maisons excède celui des enfans mâles, elles sont délaissées aux filles en commençant par la cadette, ainsi que cela se pratique à l'égard des mâles, et l'on donne aux autres ou des maisons aussi ou des héritages, estimés à bas prix, et enfin le calcul de ces estimations montre la somme que chacun a à payer ou à percevoir de son cohéritier; bien entendu que dans tout cela la femme survivante a le tiers des estimations avec le tiers des autres biens de la succession, tant meubles qu'immeubles.

Si la femme prédécède, les filles prennent par préciput les habits, nippes et joyaux de leur mère; le père ensuite prend les deux tiers et quoique le père conserve le droit d'habitation dans la maison sa vie durante, néanmoins elle est estimée au profit dudit cadet, qui n'en paie le prix à ses cohéritiers qu'après le décès du père, dans les termes convenus lors du partage, ou réglés par justice après ledit décès; au surplus l'ordre des estimations ci-dessus spécifiées est strictement observé.

Le même ordre est aussi observé quand il existe un contrat de mariage qui n'y déroge point, puisqu'en général les contrats ne règlent que la part à laquelle le survivant est appelé et la communauté des biens. Il peut pareillement être dérogé à l'ordre ci-dessus par des contrats de mariage passés par les parents en faveur de leurs enfans, lesquels sont suivis, en laissant néanmoins toujours l'habitation paternelle intacte au profit du cadet.

Les dettes passives et actives, lors des partages, sont partagées entre tous les héritiers, au tiers ou aux deux tiers, s'il n'y a pas de contrat de mariage, ou conformément à icelui, s'il y en a un, de même que le surplus de sa succession ; mais cette Coutume fait naître des difficultés et des procès par rapport à ces partages, en forçant d'actionner chaque héritier pour sa part, avant de pouvoir agir hypothécairement ; il vaudrait infiniment mieux vendre des biens de la succession jusqu'à concurrence des dettes passives, avant de passer outre au partage.

Nous soussigné Bailli du baillage du Haut-Landser, certifions le présent mémoire véritable.

Fait à Landser, le 13 janvier 1739.

Signé GŒTZMANN.

LAUTTENBACH (BAILLAGE.)

Lettre du Bailli de Lauttenbach à M. de Corberon, le 20 décembre 1738.

(*Voyez la lettre qui suit celle-ci.*)

Monsieur,

Mon absence de quelques jours est cause du retard de ma réponse à la lettre dont il vous a plu de m'honorer, de quoi je vous demande excuse. Je prens la liberté, Monsieur, de vous marquer que l'Usage local, faute de Statuts dans le district des lieux où je me trouve bailli, au fait de contrat de mariage, s'est jusqu'à présent observé qu'au défaut d'icelui, l'un des deux conjoints venant à décéder, si c'est le mari, les enfans prennent les deux tiers de la succession, tant des meubles apportés, que des meubles et immeubles acquis et conquis constant le mariage et l'autre tiers revient à la femme, avec la dot qui lui est payée préalablement de la masse et fixée ordinairement à 30 liv., et si au contraire la femme mourait la première, le mari prend les deux tiers et laisse l'autre tiers aux enfans avec la dot.

Quant aux immeubles apportés en mariage par les conjoints, ils sont tacitement réservés, et après le décès de l'un ou de l'autre, ils retournent à leurs héritiers.

Pour ce qui regarde la succession des enfans, si l'un ou l'autre décède, sa part ou portion revient au père ou à la mère à l'exclusion des autres enfans.

« Ce qui suit concerne la nomination aux tutelles. »

Voilà, Monsieur, ce qui est à ma connaissance des faits en question, que je n'ai pas cru être nécessaire de faire signer par les paysans. Si cependant vous le jugez autrement, disposez de celui qui a l'honneur d'être, etc.

Signé BOLLENBACH.

LUTTENBACH, SWEIGHAUSEN ET STAFFELFELD.

Deuxième lettre du Bailli de Luttenbach à M. DE CORBERON, du 27 juillet 1759, qui rectifie la précédente.

MONSIEUR,

COMME depuis la lettre que j'ai eu l'honneur de

vous écrire en réponse à celle qu'il vous a plu de m'adresser au sujet des Usages locaux au fait de contrat de mariage, j'ai trouvé à rectifier un article au détail y porté, puisque l'observation ci-devant était d'un sentiment différent ; de sorte que par une recherche exacte et rapport fidèle, que je me suis fait donner sur ce fait, j'ai cru être nécessaire de vous donner un détail exact par la présente de tout ce qui s'observe dans les villages de Schweighausen, Staffelfeld et la vallée de Luttenbach, de mon district, pour ne pas vous causer la peine de la recherche de ma lettre.

Permettez donc, Monsieur, de vous dire, qu'au défaut de contrat de mariage d'entre les deux conjoints, après le décès de l'un ou de l'autre, l'Inventaire fait de tous leurs biens généralement tant meubles qu'immeubles, le mari survivant prend les deux tiers et l'autre tiers revient aux enfans, et si au contraire la femme venait à survivre le mari, les enfans prennent les deux tiers et la femme l'autre tiers, avec la dot par préciput, réglée ordinairement à dix écus.

Quant à la succession entre les enfans, elle n'a pas lieu du vivant des père et mère qui les excluent.

Voilà, Monsieur, ce que je prens la liberté de vous observer.

J'ai l'honneur d'être, etc.

Signé Bollenbach.

LAUTERBOURG.

Lettre du Bailli de Lauterbourg à M. de Corberon, du 20 décembre 1738.

Monsieur,

Le magistrat de la ville de Lauterbourg m'a communiqué la lettre que vous lui avez fait l'honneur de lui écrire, au sujet des Statuts et lois municipales de cette ville. Comme le magistrat n'a aucune juridiction contentieuse, et qu'il est sujet à celle du baillage, ainsi que les autres villages qui le composent, je me suis chargé de sa part d'avoir l'honneur de vous répondre et de vous en informer et de vous mander qu'il n'y a aucuns Statuts par écrit. Le baillage est régi, outre le Droit commun, par quelques Coutumes locales, comme dans le cas de retrait, les habitans de la ville de Lauterbourg n'ont que quinze jours de retrait, et les absents ont an et jour, de la date que le contrat a été passé au greffe de la ville. Tous les bourgeois ont le même Droit sur les pièces pendant an et jour.

Dans les inventaires, le mari bonifie seulement aux enfans ou héritiers, les terres vendues pendant le mariage, provenant du chef de sa femme, comme aussi les sommes ou les bestiaux qu'elle a apportés en mariage, mais point les autres meubles.

Les enfans n'entrent en jouissance de l'héritage de père et mère prédécédés, qu'à seize ans accomplis, auquel temps le tuteur en prend la régie.

J'ai l'honneur d'être, etc.

Signé JOST.

MARMOUTIER (BAILLAGE.)

Lettre du Bailli de Marmoutier à M. DE CORBERON, *du 26 décembre 1738.*

MONSIEUR,

J'AI reçu la circulaire que vous avez pris la peine d'écrire aux baillis, datée du 3 du présent mois, en exécution de laquelle je me suis exactement informé des Us et Coutumes de mon baillage.

Je n'en ai point trouvées qui pourraient mériter le nom de locales, à moins que vous vouliez, Monsieur, ranger dans cette classe les deux cas suivants, savoir : 1.º le Droit de retrait lignager, qui ne dure que 24 heures, à commencer depuis la publication du contrat appelé en allemand Weinkauf, lequel temps est présentement observé, avec cette exception qu'il ne court aux absents que depuis qu'ils en ont connaissance, au sujet de quoi l'on se remet à leur affirmation; et en second lieu, dans le fait de mariage, rien n'est commun entre les deux conjoints, que ce qu'ils acquièrent pendant le mariage, dont les deux tiers appartiennent au mari ou à ses enfans, tout le surplus restant et demeurant un bien réservé, s'il n'y a rien de stipulé à cet égard. Si j'avais pu découvrir quelqu'autre chose, je me serais fait un devoir de vous le marquer, et cela d'autant plus, que l'ouvrage auquel vous voulez bien travailler, intéresse toute la province, et ne sera pas moins utile au public, que le recueil des ordonnances que vous lui avez procuré, dont principalement les juges vous doivent une reconnaissance éternelle.

J'ai l'honneur d'être, etc.

Signé Gross.

MASSEVAUX,

Lettre du Magistrat de Massevaux à M. DE CORBERON, du 6 décembre 1538.

MONSIEUR,

Pour satisfaire à ce que vous désirez par la lettre que vous nous avez fait l'honneur de nous adresser, le 9 novembre dernier, nous avons celui de vous informer, que nous n'avons point de Statuts particuliers dans cette ville, et que dans nos jugemens nous suivons le Droit écrit, la jurisprudence des arrêts et la Coutume générale de la Haute-Alsace, et pour la forme, l'ordonnance de 1667.

Nous avouons, Monsieur, que nous ne connaissons la Coutume de la Haute-Alsace, que par un usage observé de tout temps, par lequel il y a communauté établie entre deux conjoints de tous les biens meubles et immeubles, apportés, hérités, donnés, acquis ou conquis, sans exception, à moins qu'il ne soit autrement réglé par un contrat de mariage, de laquelle communauté les deux tiers appartiennent au mari et le tiers à la femme.

Les père et mère recueillent la succession de leurs enfans, lorsqu'ils décèdent sans héritiers nécessaires à l'exclusion d'un frère ou d'une sœur. Le double lien exclut le simple sans égard à la souche dont les biens peuvent provenir.

Nous avons l'honneur d'être, etc.

LES MAGISTRATS DE MASSEVAUX.

MEINFELD.

SEIGNEURIE DE GUTTENBERG.

Lettre du Bailli de Meinfeld à M. DE CORBERON, du 23 février 1739.

MONSIEUR,

SI j'ai tardé jusqu'à ce jour à vous fournir les éclaircissemens sur les points du Droit particulier que les Statuts ou l'Usage local peuvent avoir établis dans la seigneurie de Guttenberg, je vous supplie d'être persuadé que ce n'est point par négligence, ni par défaut de l'attention que je dois avoir pour tout ce qui pourra me venir de votre part, le retard n'ayant été causé que par les occupations que m'a données la commission dont le conseil m'a fait l'honneur de me charger touchant les comptes de 18 années de revenus du chapitre de Wissembourg.

Pour satisfaire en partie à ce que vous me faites l'honneur de me demander par la lettre du mois de décembre dernier, j'ai celui de vous marquer que l'on a toujours suivi dans notre seigneurie les règles établies par le Droit commun ou romain, à l'exception des cas portés en un réglement émané, en 1541, du Prince Louis, Electeur Palatin et d'Elisabeth, Princesse Palatine de Deux-Ponts, en sa qualité d'administratrice et de tutrice du Prince Wolfgang, son fils, pour la seigneurie de Guttenberg, qui règle la communauté des biens entre les conjoints par mariage, pour raison des acquets : le partage après la dissolution du mariage et le Droit du survivant, pendant son vivant, sur une partie des biens échus aux enfans ou à défaut d'iceux sur la part qui pourrait revenir aux héritiers *ab intestat*, et la manière d'acquitter les dettes contractées pendant le mariage et autres cas semblables; et comme cette pièce est assez étendue et que d'ailleurs l'usage contraire, prouvé par une infinité d'actes extrajudiciaires, paraît avoir dérogé à plusieurs articles contenus audit réglement, j'ai cru, avant de vous l'adresser, Monsieur, être nécessaire de m'informer si vous en désirez la traduction en langue française, et si vous ne trouverez pas convenable que je fasse apostiller les articles auxquels l'Usage contraire pourrait avoir dérogé, en faisant mention de l'observance que ledit Usage y a substitué. Je joindrai pour lors l'ordre qui a été suivi à l'égard des père et mère, dans la succession de leurs enfans, ainsi que celui que l'on observe pour le retrait lignager.

En attendant un ordre, j'ai l'honneur d'être, etc.

Signé WIMPFFEN.

MOLKIRCH et MUHLBACH.

L'AN 1738, le 20.ᵉ jour du mois de décembre, pardevant nous François-Joseph Barthmann, Bailli du baillage de Bœrsch et de la seigneurie de Girbaden, sont comparu les Prévôts et Jurés de Molkirch et Mühlbach dépendans de la seigneurie de Girbaden, appartenante à S. A. S. Mg.ʳ le Prince de Rohan, lesquels, après leur avoir communiqué la lettre circulaire à nous adressée par M. de Corberon, premier Président du Conseil souverain d'Alsace, en date du 3 du courant, nous ont dit, qu'outre les deux Coutumes provinciales qui sont, que le mari ou ses héritiers ont les deux tiers dans les biens de la communauté conjugale, et que la femme ou ses héritiers n'y ont qu'un tiers, soit meubles, soit immeubles, et que père et mère, l'un de leurs enfans venant à mourir sans descendants et *ab intestat*, l'héritent seuls et à l'exclusion et sans concurrence des autres enfans, il n'y aurait aucun Droit ni Usage local, si ce n'est qu'en fait de vente et aliénation des immeubles, les plus proches parents en peuvent faire le retrait dans un mois et jour, à commencer du jour que les vins ont été bus et la vente rendue publique au cabaret du lieu dans lequel les biens sont situés, à charge par le retrayant de payer et rembourser le prix principal avec les loyaux-coûts, sinon et à faute de le faire dans le délai ci-dessus, ils sont exclus. Déclarant en outre les Prévôts et Jurés desdites deux communautés, qu'ils n'ont aucun autre Droit particulier qui déroge à la ... position du Droit romain. De tout quoi ils ont requis acte que nous leur avons octroyé et ont signé avec nous.

Fait à Molkirch, les jour, mois et an que dessus.

Signé WEEBEL, Schultheiss, M. LACHSBURG, Prévôt et autres, BARTHMANN et F.-A. SCHMIT, Greffier.

MOLSHEIM.

Lettre du Magistrat de Molsheim à M. DE CORBERON, du 9 janvier 1739.

MONSIEUR.

Nous avons l'honneur de vous envoyer un état et mémoire des Us et Coutumes de cette ville, ainsi qu'il vous a plu de nous ordonner.

Nous avons l'honneur d'être, etc. Les Prévôt et Magistrats de la ville de Molsheim. Signé SCHNEIDER et HERRMANN, Greffier.

Mémoire

Des Us et Coutumes de la ville de Molsheim, lesquels ont été jusqu'à présent observés et auxquels le Magistrat de la Ville s'est conformé en jugement dans les différends qui se sont présentés devant lui, lesquels sont spécifiés ci-après.

L'art. 1.er concerne le privilège du Magistrat de taxer les vins après la St. Martin de chaque année.

Les articles 2, 3, 4, 5, 6, 7, concernent divers objets de police.

L'art. 8, la forme de procéder en l'hôtel-de-ville.

L'art. 9, les arpentages et délimitations.

L'article 10 porte, des successions *inter virum et mulierem*.

Le mari succède en deux tiers et la femme en un tiers dans les acquets; chacun des conjoints retire, par préciput, ses biens apportés dans le mariage, lesquels sont existans, le tout s'il n'est autrement stipulé par le contrat de mariage ou par des dispositions de dernière volonté.

Les articles 11, 12, 13, ne sont plus d'aucun intérêt et concernent des objets de police.

L'art. 14 et dernier porte, le Droit de retrait a lieu dans le mois à compter du jour que les vins du marché ont été bus et la vente rendue publique et publiée au cabaret par le cabaretier, du bien et du prix avec toutes les conditions de la vente ou du marché stipulé par les parties contractantes. Il est de nécessité absolue pour toutes les ventes de biens de boire les vins, sans quoi le Droit de retrait a lieu en tout temps. Les dépenses qui doivent être faites en buvant les vins sont de deux sols par florin : aussi peut cette dépense être moindre; ce n'est qu'en cas de retrait que le retrayant n'est tenu qu'aux deux sols par florin, quand les parties auraient excédé ces frais.

Nous Prévôt, Bourguemaître et Magistrats de la ville de Molsheim, certifions les articles ci-dessus, contenant les Us et Coutumes de la ville, véritables.

Fait audit Molsheim, le 8 janvier 1739. Signé SCHNEIDER, Prévôt et autres. HERRMANN, Greffier.

NEUF-BRISACH.

Lettre du Magistrat de Neuf-Brisach à M. DE CORBERON, du 12 décembre 1738.

MONSIEUR,

EN conformité des lettres circulaires que vous nous avez fait l'honneur de nous adresser, nous avons celui de vous envoyer ci-joint une copie collationnée du résultat, en forme de Statut, qui règle le partage des successions en cette ville, avec l'arrêt du Conseil qui en ordonne l'exécution par provision. Quant à l'administration de la justice, nous n'avons point de Statuts, ni Règlemens contraires à la jurisprudence du conseil et au Droit romain que nous suivons.

Nous avons l'honneur d'être, etc., les Prévôt royal et Magistrats. Signé DELANOY, MEYER, LANG, LUSCAT et FLORANCE.

Résultat en forme de Statuts de la ville de Neuf-Brisack.

Cejourd'hui 19 août 1707. Nous les Maire et Echevins de la ville de Neuf-Brisack, ayant reconnu que depuis l'établissement de ladite ville, il s'est mû plusieurs procès pour raison de partage des successions d'entre mari et femme, entre le survivant et les héritiers du prédécédé, n'y ayant point de règle certaine établie.

Que suivant le Droit commun d'Alsace, le mari venant à décéder, lorsqu'il n'y a point de contrat de mariage qui règle leurs conventions ou dispositions contraires, ses enfans ou ses héritiers emportent les deux tiers de la masse commune de tous les biens, meubles et immeubles, tant des biens propres apportés en mariage par le mari et la femme, que de ceux qui leur sont échus par succession ou autrement, et des biens qu'ils ont acquis pendant et constant le mariage, qui se trouvent dans la communauté lors de son décès, et l'autre tiers appartient à la femme survivante; ce qui s'observe soit que la femme décède avant son mari, ou qu'elle lui survive.

Comme plusieurs bourgeois ont prétendu n'être point obligés de suivre le Droit ainsi établi dans cette province et qu'au contraire ils ont prétendu que tous les biens de la communauté entre le mari et la femme doivent être partagés par moitié entre le survivant et les enfans ou héritiers du prédécédé, sans aucune distinction; ce qui aurait occasionné et donné lieu à plusieurs contestations et procès qui tendent à la ruine des bourgeois et habitans de ladite ville : à quoi étant nécessaire de remédier et pour établir des règles certaines, que l'on puisse suivre pour toujours, pour raison des partages des biens desdites successions, nous avons fait convoquer cejourd'hui sur la maison-commune de ladite ville du Neuf-Brisack, les anciens Maires et les principaux et les plus notables bourgeois de ladite ville.

Après avoir pris leur avis, il a été résolu et arrêté, sous le bon plaisir du Roi et de Nosseigneurs du Conseil souverain d'Alsace, ce qui suit, savoir :

Que lorsqu'il n'y aura pas de contrat de mariage entre le mari et la femme qui règle leurs conventions, ni de dispositions contraires, le mari venant à décéder avant la femme, les enfans ou les héritiers dudit mari, prendront les deux tiers de tous les biens de la masse commune qui se trouvent dans la communauté lors de son décès, tant en meubles qu'immeubles, soit propres, ou qui auront été apportés par le mari et sa femme lors de leur mariage, et ceux qui leur seront échus depuis ledit mariage par succession ou autrement, comme aussi de ceux qui auront été acquis pendant et constant le mariage, sans aucune réserve, et l'autre tiers appartiendra à la femme survivante; qu'il en sera de même lorsque la femme viendra à mourir avant le mari, ses enfans ou ses héritiers emporteront le tiers de tous les biens, meubles et immeubles, de quels noms et qualités ils puissent être, de la masse commune de la communauté en l'état qu'elle se trouve lors dudit décès; et les deux tiers en appartiendront au mari survivant.

Ce qui a ainsi été résolu et arrêté par les soussignés, au nom de toute la communauté de ladite ville de Neuf-Brisack, réquérans l'homologation des présentes par Nosseigneurs du Conseil.

Fait les jour, mois et an que dessus; signé à la minute : Brassigny, Lafaye et vingt autres.

Registré ès registres du Conseil souverain d'Alsace, suivant l'arrêt du 30 août 1807.

Voyez cet arrêt d'homologation au recueil des ordonnances d'Alsace.

OBERBRONN et WEINBOURG.

Lettre du Bailli d'Oberbronn et Weinbourg à M. de Corberon, du 24 janvier 1739.

Monsieur,

Pour satisfaire à la demande dont vous m'honorez, je me suis informé exactement dans les communautés de mon baillage de leur Droit local et des dispositions particulières qui peuvent concerner lesdites communautés; je n'ai trouvé aucuns Statuts, Usage ou Coutume qui méritent votre attention, Monsieur, si ce n'est qu'il se pratique

pratique de tout temps au village de Weinbourg, dépendant de mon baillage, un Droit communément dit *Hubgericht,* qui se tient annuellement le mardi après les rois, en présence de deux gens de justice, audit Weinbourg, de deux d'Obersulzbach, de deux de Nidersulzbach, baillage de Bouxwiller, et d'un échevin de Weiterswiller, baillage de Fleckenstein : ce dernier y est appelé en qualité d'expert, avec un Hubmeyer, tiré de la communauté de Bouxwiller.

Cette espèce d'assise connaît des délits commis dans les forêts communales, et édicte des amendes au profit de leurs communautés.

Lorsqu'un bien se vend à Weinbourg, le Hubmeyer se fait payer, pour son droit, une demi-mesure de vin; ce qui se pratique de même lorsqu'un bourgeois de la communauté vient à décéder, alors chacun de ses héritiers contribue de sa part à la demi-mesure de vin au profit dudit Hubmeyer, et quand il arrive qu'il y a quelques biens-fonds de vendus ou aliénés audit Weinbourg, l'acquéreur est tenu d'acquitter à la communauté dudit lieu un sol par florin. Ladite communauté jouit en outre d'un tiers de l'umgeld, les seigneurs des deux autres tiers, et sont tenus lesdits seigneurs de payer à ladite communauté une mesure de vin par an, pour les réparations des chemins du village.

Oberbronn, chef-lieu, a pareillement le droit d'umgeld pour la moitié, et les seigneurs du lieu perçoivent l'autre moitié.

Il n'y a rien de particulier pour les villages de la seigneurie, si ce n'est qu'ils sont en usage de se faire payer quelque chose pour le Droit de bourgeoisie, ce qui se règle suivant l'usage des lieux.

Voilà tout ce que j'ai pu découvrir des Usages établis dans mon baillage, et la seule connaissance que j'ai des Coutumes particulières.

J'ai l'honneur d'être, etc.

Signé BILLAUDET.

REICHSTETT.

Nous soussignés Prévôt, Bourguemaître et Echevins de la communauté de Reichstett, baillage de la Wantzenau, certifions par ces présentes que dans ce village le Droit de retrait lignager a lieu, en vertu duquel un parent, du côté et ligne du vendeur, peut retirer des mains de l'acquéreur les immeubles vendus, en intentant l'action de retrait dans le temps prescrit par la Coutume de ce lieu, qui est de quinze jours; il est aussi pendant ce temps libre, tant au vendeur qu'à l'acquéreur, de se dédire de la vente: mais après ledit temps passé, la vente a lieu et doit être enregistrée au greffe du baillage, et en cas que les immeubles soient des propres de la femme du vendeur ou à elle appartenans, icelle doit, pour la validité de la vente, y consentir avec l'autorité de son mari; laquelle dernière condition est pareillement requise dans les obligations, autrement la femme ne serait point tenue de contribuer au paiement des dettes faites pendant le mariage, en cas qu'elle renonce à la communauté.

En procédant aux inventaires et partages des successions entre les intéressés, l'usage du lieu est, que tant les héritiers du prédécédé, que le survivant, sont indemnisés et restitués de leurs propres, s'ils sont suffisamment justifiés, et quant aux acquisitions qui se font pendant le mariage, elles se divisent en trois parts, dont le mari en tire deux et la femme une, s'il n'a été autrement stipulé par le contrat de mariage, le testament ou autre disposition de dernière volonté.

La finale de cette lettre concerne l'élection de tuteur.

Fait audit Reichstett, le 19 juin 1739. Signé par le Prévôt, le Bourguemaître, les Jurés et par PETTMESSEN, Greffier.

REICHSHOFFEN,

BAILLAGE ET LA PETITE-PIERRE.

Lettre du Bailli du baillage de Reichshoffen et de La Petite-Pierre à M. DE CORBERON, du 7 janvier 1739.

MONSIEUR,

J'AI eu l'honneur de répondre le 15 décembre dernier à votre lettre du 3 du même mois. Je suis surpris que vous ne l'ayez pas reçue. Je vous mandais que dans le baillage ici, il n'y a rien de ce que votre lettre contenait que la Coutume générale de l'Alsace y était suivie en tout : mais quant au baillage de La Petite-Pierre, il est régi par une Coutume particulière, faite par le Prince de Veldentz, laquelle traite amplement des donations, testaments, contrats de mariage, et est beaucoup différente de celle d'Alsace.

La prévôté de Phalsbourg qui, autrefois faisait partie du baillage de La Petite-Pierre, est régie par la même Coutume.

C'est un manuscrit qui contient environ quatre à cinq mains de papier, d'un caractère et d'un allemand antique et difficile à lire et à comprendre. C'est un original signé du Prince George-Jean, et cette Coutume se trouve sans date.

Si vous souhaitez, Monsieur, avoir copie de quelques-uns des articles, faites-moi la grâce de m'adresser vos ordres, je vous les enverrai.

J'ai l'honneur d'être, etc.

Signé DE FOUQUEROLLE.

RIBEAUVILLÉ

BAILLAGE,

ZELLENBERG, GUÉMAR ET St.ᵉ-MARIE-AUX-MINES.

Lettre du Bailli de Ribeauvillé à M. DE CORBERON, du 24 décembre 1738.

MONSIEUR,

LA lettre circulaire que vous m'avez fait l'honneur de m'adresser au sujet des Statuts, Us et Coutumes particulières, observés dans les jugements des différentes juridictions de cette province, m'a été rendue. J'ai l'honneur de vous faire observer que le baillage de Ribeauvillé, ci-devant était composé de celui de Heiteren, de Wyr-au-val, de St.-Grégoire et du val d'Urbeis, consistant en cinq paroisses. Ces trois paroisses sont présentement détachées, et je ne doute pas que vous n'en receviez les observations particulières suivant vos ordres.

Quant à la ville de Ribeauvillé, au baillage de Zellenberg, de Guémar et de la ville de St.^e-Marie (partie d'Alsace), qui sont encore compris sous le nom de baillage de Ribeauvillé, je n'y ai jamais vu de Statuts particuliers, excepté que dans les communautés où il y a des maisons et cours auxquelles sont attachées des terres, le cadet des fils y a la préférence : mais cela ne se pratique que dans ce seul cas, et ne se pratique pas dans d'autres cas.

La deuxième remarque qu'il y a à faire, est que, lorsqu'il n'y a point de contrat de mariage entre les conjoints, chacun reprend ses apports et des acquêts, le mari ou ses ayant-cause, en ont les deux tiers, contre la femme qui n'en a qu'un.

Je n'ai rien remarqué que cela seul qui ne s'observe partout également.

J'aurais obéi plus promptement si je n'eusse été très-incommodé.

J'ai l'honneur d'être, etc. Signé VAILLE.

RIBEAUVILLÉ VILLE.

Lettre des Prévôt et Magistrats de Ribeauvillé à M. DE CORBERON, du 21 décembre 1738.

MONSIEUR,

Notre ville n'ayant point de Statuts qui apparaissent par écrit, nous avons l'honneur de remarquer à V. G., au désir de sa lettre circulaire, que depuis un temps immémorial l'on y a observé, comme l'on observe encore actuellement, les Us et Coutumes locales suivantes:

Les apports de deux conjoints, qui n'ont pas fait de contrat de mariage, ainsi que les héritages, meubles et immeubles, lors du décès de l'un ou de l'autre, retournent du côté d'où ils sont provenus, et des acquets, le mari ou ses héritiers, prennent deux tiers et la femme ou ses héritiers, l'autre.

La communauté de biens, en fait de mariage, cesse par le décès de l'un des deux conjoints, et la succession du prémourant a été presqu'ordinairement réglée sur le pied qu'elle s'est trouvée lors de son décès, nonobstant que l'inventaire n'en a été fait que quelques années après.

Les habits des père ou mère décédés, appartiennent aux enfans du prémourant, à l'exclusion du survivant, et les fils ont toujours pris par préciput ceux du père et les filles ceux de la mère.

Les biens qui sont échus à des enfans mineurs par le décès de l'un des deux conjoints par mariage, ne sont point donnés à l'administration de leur tuteur, le survivant, soit père ou mère, en ayant la jouissance jusqu'à ce que lesdits enfans aient atteint l'âge de majorité; à la charge par le survivant de donner aux enfans l'éducation convenable à leur état et d'entretenir les biens en bon état. Il n'en est pas de même à l'égard des biens que ces enfans héritent de leur aïeul ou aïeule, comme représentant leur père ou mère, ces derniers sont administrés par les tuteurs au profit de leurs pupilles, bien entendu si les parts échues aux enfans de la succession paternelle ou maternelle, suffisent pour subvenir au paiement des frais convenables pour leur éducation, autrement on accorde au survivant une partie des revenus des biens grand-paternels ou grand-maternels, selon que l'âge, la condition et les facultés des enfans l'exigent.

« Le surplus de cette lettre est aujourd'hui sans aucun intérêt. »

Nous avons l'honneur de certifier les articles

ci-dessus véritables, et d'être, etc.; suivent les signatures : WILHELM, LORENTZ et autres des Prévôt et Magistrats de ladite ville.

ROUFFACH.

Lettre du Magistrat de Rouffach à M. DE CORBERON, du 15 novembre 1738.

MONSIEUR,

CONFORMÉMENT aux ordres qu'il a plu à V. G. de nous donner par ses lettres des 1.er et 9 du présent mois de novembre, nous avons l'honneur de lui envoyer l'état des Statuts qui, jusqu'à présent, ont été inviolablement observés en cette ville. Supplions très-humblement V. G. de nous y maintenir et de nous croire, etc. Signé les Prévôt et Magistrats de Rouffach.

Etat des Statuts observés dans la ville de Rouffach, tirés des anciens Urbaires de 1582.

1.° Il est réglé, si entre deux conjoints il n'y

a pas de contrat de mariage qui règle les successions, qu'à la dissolution d'icelui, le mari survivant, ou ses héritiers, prennent les deux tiers des meubles et acquêts d'immeubles faits pendant et constant le mariage, et la femme ou ses héritiers l'autre tiers, et les immeubles apportés et ceux hérités pendant le mariage, sont réservés et tombent sur l'estoc et ligne dont et d'où ils sont dérivés.

Plus, peuvent les conjoints disposer en faveur de l'un ou de l'autre par testament, ainsi qu'ils aviseront bon être.

2.° Le retrait lignager a lieu pendant un an et jour; si néanmoins une vente est faite volontairement et après trois publications, les biens adjugés par le vendeur, en présence des députés du magistrat, le Droit de retrait n'a pas lieu. *Item.* Ce Droit n'a pas lieu pour effets mobiliers vendus.

3.° En fait de succession, les père et mère sont héritiers de leurs enfans, à l'exception des frères et sœurs. Urbaire de 1633.

4.° En l'absence du Procureur-fiscal des jours d'audience, l'ancien du Magistrat requiert, en son nom, ès procès où son ministère est nécessaire.

5.° Et finalement, que les cadets des familles ont la préférence sur les maisons qui se trouvent à partager entre plusieurs héritiers, et au défaut d'enfans mâles, la cadette des filles a cette préférence.

Nous Prévôt et Magistrats de la ville de Rouffach soussignés, certifions l'état ci-dessus véritable et conforme à nos anciens Urbaires, en foi de quoi nous l'avons signé, à Rouffach, cejourd'hui 15 novembre 1738. Signé STRENG, ZICKEL, VOGT et PFUEND.

St.-NABORD.

L'AN 1739, le 12ᵉ jour du mois de janvier, par devant nous François-Joseph Barthmann, Bailli du baillage de Bœrsch, notamment de St.-Nabord, sont comparu les Prévôt, Bourguemaître, Jurés et Députés de ladite communauté, dépendante de la seigneurie et du baillage de Bœrsch, appartenans à LL. AA. Mg.ʳˢ les Princes et Comtes du grand-chapitre de l'évêché de Strasbourg, lesquels, après leur avoir communiqué la lettre circulaire à nous adressée par M. de Corberon, premier Président du Conseil souverain d'Alsace, en date du 3 décembre dernier, nous ont dit qu'outre la Coutume provinciale, laquelle est que le mari ou ses héritiers ont deux tiers dans les biens de la communauté conjugale, et que la femme ou ses héritiers, n'en ont qu'un tiers, soit meubles ou immeubles, et que père et mère, l'un de leurs enfans venant à mourir sans descendants et *ab intestat*, l'héritent seuls, à l'exclusion et sans concurrence des autres enfans; il n'y aurait aucun Droit local, si ce n'est :

1.° Que les biens qui se donnent par contrat de mariage restent en propre à ceux à qui ils ont été donnés.

2.° Qu'ils n'ont aucune connaissance de la dot;

3.° Que les tuteurs sont élus par sept des plus proches parents ou amis, aux mineurs, après avoir donné la main, en place de serment, au Prévôt du lieu.

4.° Qu'après le premier décès des mariés, les biens du mourant, quand il n'y a point de contrat de mariage fait, retombent sur la ligne de ses héritiers; mais les biens de la communauté se partagent comme est dit du commencement; déclarant en outre lesdits sieurs Prévôt et Jurés de ladite communauté, qu'ils n'ont aucun autre Droit particulier qui déroge à la disposition du Droit romain. De tout quoi ils ont requis acte, que nous leur avons octroyé, et ont signé avec nous.

Fait à Geispolsheim, les jour et an que dessus. Signé Christian GEIGER, Schultheiss et autres, BARTHMANN et SCHÖN, Commis-Greffier.

SEPPOIS-LE-BAS.

Mémoire des Usages et Coutumes qui s'observent dans les villages où le soussigné exerce la justice au nom de MM. de Landenberg.

1.º La dot et les biens existans au jour de la bénédiction nuptiale, de même que les acquisitions ou successions, se partagent suivant la Coutume de la Haute-Alsace, lors néanmoins qu'il n'y a point de contrat de mariage qui règle le contraire, savoir : les deux tiers pour le mari et l'autre pour la femme, ou leurs héritiers.

2.º Le douaire, en cas de décès du mari, est prélevé par la femme survivante sur la cote de tous les biens de sondit mari.

3.º Lorsqu'il n'y a pas de contrat de mariage, le douaire est réglé à 20 florins, faisant 33 liv. 6 s. 8 den.

4.º Le fils cadet, ou à défaut de garçons, la fille cadette, a la préférence sur les maisons, granges et bâtiments en dépendans, qui leur sont donnés sur le pied de l'estimation.

5.° Les tutelles sont déférées au plus proche parent, lorsqu'il est assez capable, ou à celui qui est élu dans les assemblées de parents ou amis.

SIRENTZ BAILLAGE.

Lettre du Bailli du baillage de Sirentz à M. DE CORBERON, le 14 décembre 1738.

MONSIEUR,

J'AI reçu les ordres qu'il vous a plu m'envoyer au sujet des Us et Coutumes locales qui se sont observés et s'observent dans le baillage de Sirentz, auquel j'ai l'honneur d'être préposé; celle de Ferrette a toujours été la règle de cette juridiction, au défaut de Statuts particuliers dont on n'a jamais eu connaissance, ni par écrit, ni par tradition, et comme je ne doute pas que le Bailli de Ferrette ait déjà satisfait à son devoir, je n'abuserai pas de votre patience par une répétition d'icelles.

J'ai l'honneur d'être, etc.

Signé IMMELIN.

SCHUFFELWEYERSHEIM,

WANTZENAU, GAMBSHEIM,

BETTENHOFFEN et KILSTETT.

Lettre du Bailli de la Wantzenau à M.
DE CORBERON, *du 7 août 1739.*

MONSIEUR,

CONFORMÉMENT à votre lettre dont copie m'a été remise par MM. de la régence de l'évêché de Strasbourg, j'ai l'honneur de vous envoyer ci-joint des copies exactes et en forme authentique des différents Statuts et Coutumes des communautés du baillage de la Wantzenau et Weyersheim, qui nous servent de lois dans nos jugements. Je souhaite que vous les trouviez à votre désir, ayant l'honneur d'être, etc., signé DE ZOLLER.

Nous soussignés Prévôts, Bourguemaîtres et gens de justice des villages de la Wantzenau, Schuffelweyersheim, Gambsheim, Bettenhoffen, et Kilstett, du baillage de la Wantzenau, certifions que faute de Statuts, on observe en ces villages ci-dessus nommés, les Us et Coutumes locales suivantes, savoir :

1.º Que le Droit de retrait lignager a lieu en vertu duquel un parent du côté et ligne du vendeur peut retirer des mains de l'acquéreur les immeubles vendus, en intentant l'action de retrait dans le temps prescrit par la Coutume de ces lieux, qui est de quinze jours; il est aussi pendant ce temps libre, tant au vendeur, qu'à l'acquéreur, de se dédire de la vente; mais après le temps expiré, la vente a lieu et doit être enregistrée au greffe dudit baillage, et au cas que les immeubles vendus soient des propres de la femme du vendeur, ou à elle appartenans, icelle doit, pour la validité de la vente, y consentir avec l'autorité de son mari : laquelle dernière condition est pareillement requise dans les obligations, autrement la femme ne serait point obligée de contribuer au paiement des dettes faites pendant le mariage dissout, au cas que lesdites dettes seraient faites par le mari par débauche, prodigalité, ou autre mauvaise conduite et dérèglement, et non pour le bien de la maison.

2.º En procédant aux inventaires et partages entre les intéressés, l'Usage de ces lieux est que tout ce que les conjoints apportent en mariage, tant meubles, qu'immeubles, comme aussi les acquets et conquets faits pendant leur mariage, est reputé biens communs entre eux, et que lorsque l'un des conjoints vient à mourir, leur dite communauté de biens, sans exception, se divise en trois parties, dont le mari ou ses héritiers en tirent deux, et la femme ou ses héritiers une part, s'il n'a été autrement stipulé par contrat de mariage, testament ou autres dispositions de dernière volonté.

3.º Ce qui suit concerne la forme de l'élection des tuteurs.

Fait à la Wantzenau, le 18 juin 1739. Signé André Bornert, Antoine Elsesser, Prévôts; Michel Hummel, Schulz; Mathias Diebold, Schultheiss et autres, et Pettmesser, Greffier.

TRAUBACH PRÉVÔTÉ.

Lettre du Bailli de la Prévôté de Traubach à M. de Corberon, du 20 janvier 1739.

Monsieur,

Je prends la liberté de vous envoyer un état ou mémoire des Us et Coutumes de la prévôté de Traubach; j'ai pris celle de marquer à chaque article les abus qu'il pourrait y avoir dans l'exécution d'iceux. Comme il vous a plu l'ordonner ainsi, je me flatte qu'à cet égard il pourrait être en règle, étant signés du fiscal et de l'assesseur de la justice de ce lieu. Si je n'ai point parlé de celui de Fontenelle, il est si peu considérable que je n'ai pas cru nécessaire d'en faire mention, et d'ailleurs depuis que je suis juge en ce baillage si considérable, je ne me souviens d'aucune Coutume particulière en icelui.

J'ai l'honneur d'être, etc.

Signé RIESER.

Etat ou Mémoire

Des Us et Coutumes locales de la prévôté de Traubach, qui ont fait jusqu'ici Droit particulier dans icelle, et où il n'y a pas paru jusqu'à présent aucun Statut par écrit.

1.° Les contrats de mariage règlent la dot, comme partout ailleurs; mais le cas arrivant d'un mariage sans contrat, comme il arrive très-souvent qu'il n'y en ait pas dans ce baillage, soit à cause de la pauvreté ou par crainte de débourser quelque chose pour la passation d'icelui, elle est néanmoins réglée ici à 25 livres Bâloises, ou à 33 liv. 6 sls. 8 den. tournois; ladite somme étant accordée à la veuve par préciput.

NB. Cet article, qui a été observé jusqu'ici, paraît en quelque façon abusif, attendu que fort souvent dans les successions pauvres ou onéreuses, la veuve prend le plus clair pour la prétendue dot, dont les enfants profitent rarement, ce qui est désavantageux auxdits enfants; il paraît néanmoins qu'il serait du quelque chose pour la dot de la veuve; mais il est de sa faute de n'en avoir pas fait faire la fixation par un contrat précédent.

2.º La veuve tire dans une succession, lorsqu'il n'y a pas de contrat, un tiers d'icelle et paie les dettes à proportion; les héritiers du mari les deux autres tiers.

NB. Cet article paraît raisonnable, surtout pour les héritiers.

3.º Par les inventaires et partages, lorsqu'il y a des mineurs mâles ou filles, et qu'il y a maison et dépendances, comme cela se trouve ordinairement, l'on donne au plus jeune des enfans et par préférence au mâle, ladite maison et dépendances, sur le pied d'une estimation préalable, faite par gens assermentés à cet effet, du prix de laquelle ledit enfant retient d'abord sa part, et est tenu de payer ses frères et sœurs suivant et conformément aux termes que l'on préfige à cet enfant pour payer le restant du prix de ladite estimation.

NB. Cet article mérite quelque considération par rapport audit enfant qui prétendrait à la préférence, et par rapport à ses frères et sœurs qui attendent le paiement; car il arrive fort souvent qu'une maison et dépendances, estimée quelquefois à haut prix, est adjugée et donnée à un enfant encore à la mamelle ou posthume, et qui le plus souvent n'a d'autre bien, notamment dans cette prévôté, où les maisons et dépendances font le plus fort d'une succession, ledit enfant est obligé à l'entretien de cette maison, il est obligé de faire le plus souvent des dettes pour s'acquitter envers ses cohéritiers, ce qui est cause que par-là il se ruine, au lieu d'en tirer avantage, et est obligé de revendre ladite maison pour acquitter ses dettes; d'ailleurs un incendie ou un écroulement de ladite maison survenant, il serait également obligé de payer sesdits cohéritiers; voilà pour ce qui regarde ce mineur privilégié; à l'égard de ses frères et sœurs, ils ne sont pas plus avantagés, puisqu'ils sont très-souvent obligés d'attendre 12, 13, jusqu'à 16 ans, quoique mineurs eux-mêmes, et sans intérêts, avant de pouvoir toucher le premier terme de leur frère au sujet de cette dite estimation; il n'en serait pas de même si cette préférence serait due à l'aîné des enfans mâles, ou au défaut, aux filles; les mineurs, aussi bien que les majeurs, tireraient leur argent de suite, et le tuteur pourrait faire valoir celui des mineurs, sans qu'iceux puissent courir aucun risque; l'aîné d'ailleurs, des enfans serait déjà en état de payer, ce que celui qui est à la mamelle ne peut pas faire.

4.° Il est de coutume que dans les ventes et échanges qui se font ici, l'acheteur, aussi bien que le vendeur, ont sept jours francs pour tenir leur marché, si bon leur semble; de façon que ladite vente ou échange n'ont lieu qu'après ledit temps expiré. Le dédit se fait ordinairement par l'envoi d'une personne qui se charge de dire à l'un des contractans que l'autre se dédit du marché fait avec lui, et se soumet de payer les vins bus et les frais faits à ce sujet, ce qui suffit pour annuller ledit contrat.

NB. Cet article paraît assez extraordinaire, puisqu'il est directement opposé au contrat de vente qui doit obliger les deux parties, et toute la remarque qui est à faire là-dessus et au sujet des vins qui se boivent lors de la passation de ces sortes de ventes ou contrats, c'est qu'un buveur ou un ivrogne, ne trouvant plus de crédit chez les cabaretiers, fera marché avec une autre personne, de laquelle il achetera partie de son bien pour une certaine somme. Le cabaretier, qui croit ne rien risquer, donne du vin et fournit bonne chaire à foison, et lorsque le sac-à-vin s'est rempli pendant quelques jours, il se dédit du marché et met le cabaretier dans la nécessité de le poursuivre pour obtenir paiement des dépenses faites et avancées pour ce sujet, lesquelles excèdent quelquefois le prix de la vente et ruine le particulier sans enrichir beaucoup le cabaretier.

Nous Bailli et Assesseurs de la Justice de Traubach, en foi de ce que dessus nous avons signé les présentes, ce 20 janvier 1739. Signé BACKER, maire; GENDRE, assesseurs et REISET.

VILLÉ BAILLAGE.

Contrats de vente.

Le retrait lignager a lieu dans tout ce baillage et dure pendant l'an et jour.

Partage des successions.

Si les conjoints n'ont point disposé par testament, contrat de mariage, ou autrement, le survivant, en cas de partage, prend ses apports et héritages comme biens réservés et les enfans ou héritiers du prédécédé, reprennent pareillement ses apports ou héritages.

Les acquets sont partagés en trois parts, dont deux au mari ou à ses héritiers, l'autre à la femme ou à ses héritiers.

Nous soussignés Bailli, Greffier, Procureur-fiscal du baillage du comté de Villé, Maires, Officiers de police, etc., anciens bourgeois de la communauté du comté de Villé, certifions par ces présentes, que les Usages mentionnés ci-dessus ont été observés de tout temps et le sont actuellement; certifions en outre que de notre connaissance il n'y a point d'autre dérogation au Droit commun de la province, en foi de quoi nous avons signé au bas des présentes.

Fait à Villé le 7 janvier 1739. Signé Cetty, Bailli; Audran, Greffier; Kubler, Maire; François Munschina et autres.

WITTESHEIM.

Nous Joseph Simon, Bailli de la seigneurie de Wittelsheim, Jean Gendre, Procureur-fiscal et Jean-George Voche, Greffier de ladite seigneurie et encore Jean Kauffmann, Bourguemaître et Philippe Kauffmann, Juré dudit lieu, en conséquence de la lettre circulaire de M. de Corberon, premier Président du Conseil souverain d'Alsace, ladite lettre en date du 3 décembre dernier, certifions n'avoir aucune connaissance de Coutumes et Usages contraires à ceux de Ferrette, par lesquels les successions des enfans tombent aux père et mère à l'exclusion des frères et sœurs. Les maisons paternelles tombent aux fils le plus jeune, à l'exclusion de ses autres frères et sœurs, sur le pied de l'estimation faite par experts, et les conjoints venant à décéder sans contrat de mariage, leurs successions *ab intestat* tombent, savoir: deux tiers au mari ou à ses plus proches héritiers, et le tiers à la femme ou à ses plus proches. En outre c'est l'usage que les armes e[t] habits du père tombent aux enfans mâles, et le[s] habits et bijoux de la mère aux femelles. A[u] surplus le Droit de retrait lignager a lieu pen[-]dant an et jour.

Fait audit Wittelsheim, le 7 février 1739.

Signé SIMON, GENDRE, J. KAUFFMANN, Bour[-]guemaître ; Ph. KAUFFMANN, Juré et VOCHE Greffier.

WEYERSHEIM.

Nous soussignés Prévôt et Echevins de la communauté de Weyersheim, certifions par les présentes que dans ledit village le Droit de retrai[t] lignager a lieu, en vertu duquel un parent d[u] côté et ligne du vendeur peut retirer des main[s] de l'acquéreur les immeubles vendus, en intentan[t] l'action de retrait dans le temps prescrit par l[a] Coutume de ce lieu, qui est de quinze jours ; i[l] est aussi pendant ce temps libre, tant au vendeu[r] qu'à l'acquéreur, de se dédire de la vente ; mai[s] après ledit temps passé la vente a lieu et doi[t] être enregistrée au greffe dudit lieu et au cas qu[e] les immeubles vendus soient des propres de la femme

femme du vendeur, à elle appartenans, icelle doit, pour la validité de la vente, y consentir avec l'autorité de son mari ; laquelle dernière condition est pareillement requise dans les obligations, etc., autrement la femme ne serait point tenue de contribuer au paiement des dettes faites pendant le mariage, au cas qu'elle renonce à la communauté ; en procédant aux inventaires et partages des successions entre les héritiers l'Usage de ce lieu est que tous les héritiers du prédécédé qui le survivent soient entièrement indemnisés et restitués de leurs propres, s'ils sont suffisamment justifiés, et quant aux acquisitions qui se font pendant le mariage, elles se divisent en trois parts, dont le mari en tire deux et la femme une, s'il n'a été autrement stipulé par contrat de mariage, testament ou autre disposition de dernière volonté.

Le reste concerne la nomination des tuteurs.

Fait audit Weyersheim, le 20 juin 1739.

Signé Jean-Michel ULRICH, Meyer, M. MATHIAS, Prévôt et autres et PETTMESSER.

WIDENSOL BAILLAGE.

Lettre du Bailli de Widensol à M. de Corberon, du 12 décembre 1738.

Monsieur,

Pour satisfaire au désir de la lettre que vous m'avez fait l'honneur de m'adresser en date du 3 de ce mois, j'ai celui de vous envoyer ci-joint un acte de notoriété que j'ai reçu des Prévôt et plus notables bourgeois de la communauté de Widensol, par lequel vous verrez que le partage des successions dans ledit lieu se fait suivant le Droit commun de la province, et que les tutelles y sont données à des tiers ; quant à l'administration de la justice, il n'y a point d'Usages ni Coutumes qui dérogent au Droit commun et à la jurisprudence du Conseil, que j'ai soin de suivre.

J'ai l'honneur d'être, etc. Signé Dorin.

Pardevant nous Claude-François Dorin, Bailli du baillage de Widensol, sont comparu Jacob Baumann, Prévôt, Jean Folmer, Jean Thomann et François Seiler, jurés de justice dudit lieu, lesquels ont déclaré n'avoir autres Us et Coutumes locales chez eux que la Coutume de Ferrette, laquelle donne au mari les deux tiers de tous les biens de la communauté, et quant aux tutelles, elles sont données à des tiers. Laquelle déclaration ils ont signée avec nous et notre greffier dudit baillage de Widensol, le 12 décembre 1738.

Signé J. BAUMANN, Schultheiss et autres, DORIN et LANG, Greffier.

TUTELLES.

D'APRÈS ce qui est porté aux divers actes que nous venons de transcrire, et la notoriété publique, il était très-rare en Alsace que le père survivant fut chargé de la tutelle de ses enfans mineurs : la mère jamais. Au décès de l'un des conjoints, leurs plus proches parents ou amis, s'assemblaient pardevant le bailli ou le commissaire du Magistrat des villes, quelquefois pardevant le Prévôt du village, et établissaient, ordinairement, le plus proche parent, tuteur des mineurs. — Celui-ci acceptait la tutelle *datâ manu, loco juramenti*.

Le Commissaire du Magistrat que, par cette

raison on appelait Commissaire aux tutelles, et dans les baillages, le Bailli, faisaient de temps à autres rendre, par les tuteurs, compte de leur gestion, et les Procureurs-fiscaux devaient particulièrement veiller à ce que les comptes fussent rendus, et à ce que les mineurs fussent, à temps, pourvus de tuteurs.

S'il arrivait rarement que la tutelle des enfans fut laissée à leur père survivant, cette tutelle lui était toujours ôtée dès qu'il convolait en secondes noces.

Fin du manuscrit.

EMPHYTÉOSE.

L'emphytéose proprement dite est d'origine romaine : *Emphyteusis, sive concessio dominii utilis fundi, vel rei emphyteuticæ.*

Cette concession se fait, de la part du propriétaire du fonds ou de la chose au preneur, par un contrat appelé bail emphytéotique.

La plûpart du temps la durée de ce bail était limitée à la vie du preneur; quelquefois elle était fixée à quatre-vingt-dix-neuf ans, temps présumé le plus long de l'existence successive de trois générations; quelquefois cette durée était perpétuelle. Cette différence explique la contradiction apparente qui se trouve entre quelques lois romaines sur cette matière, les unes parlant de l'emphytéose à temps et les autres de l'emphytéose perpétuelle.

La concession du domaine utile, ou de la pleine et entière jouissance de la chose, soit à temps ou à perpétuité, était faite à charge par le preneur de payer au bailleur, un canon, une rente ou une redevance annuelle, fixe et invariable *in recognitionem dominii directi*, et pour marquer que le bailleur se réservait le domaine direct de la chose et qu'il n'en concédait au preneur que le domaine utile.

Le preneur ou l'emphytéote était déchargé de l'obligation de payer la redevence ou le canon emphytéotique par la perte entière de la chose pour la jouissance de laquelle le canon avait été constitué; mais si cette chose ne périssait qu'en partie, le preneur n'en était pas moins tenu au paiement de l'intégralité de son canon.

Ce canon différait quant à sa quotité; nous le trouvons toujours modique dans deux cas : le 1.er lorsque la concession est faite à temps et que l'époque à laquelle la chose concédée doit faire retour au bailleur est rapprochée. Le 2.e cas, est celui où le fonds concédé est stérile au moment de la concession, que par conséquent le preneur et dans son propre intérêt et parce que le contrat lui en impose l'obligation, est forcé de défricher et de mettre et d'entretenir le fonds concédé en bon état productif. Ce canon est encore très-modique alors que le contrat de concession obligeait le preneur à faire des constructions plus ou moins considérables et à les entretenir en bon état.

Dans tous ces cas, les impenses et améliorations que le preneur était obligé de faire, et l'avantage qui devait en résulter au bailleur ou à ses héritiers, à l'époque du retour que leur ferait la chose concédée, devaient être pris en considération ; au contraire alors que la chose concédée en emphytéose se trouvait déjà en bon état productif, et que la concession était héréditaire ou perpétuelle, le canon était ordinairement fort.

Nous avons cependant vu nombre de contrats emphytéotiques dans le Palatinat et le pays de Mayence, dont la durée était limitée à 30 et 40 ans, par lesquels le canon était fixé à un taux aussi élevé que l'eût été celui du fermage d'un bail simple de 3, 6 ou 9 ans; la cause de cette exhorbitance nous a été expliquée par les preneurs, la voici : leurs pères et ancêtres avaient tenu long-temps et par reconduction les biens en question à bail simple; le propriétaire de ces biens (corporation ecclésiastique) dont les agents connaissaient l'extrême désir qu'avaient les descendants de ces anciens fermiers de conserver ces biens sous leur charrue, leur en offrirent la jouissance pour 18, 30 et 40 ans, à condition que ces fermiers se soumettraient à tenir les biens à titre d'emphytéose à temps, moyennant le fort canon qu'on exigea d'eux et qu'à défaut de biens propres ils se soumirent à payer.

Nous avons consigné cette remarque ici pour prouver que l'opinion de ceux qui pensent que la modicité du canon emphytéotique tient à l'essence de ce contrat, n'est pas fondée.

Au surplus le canon emphytéotique est essentiellement invariable et uniforme pendant toute la durée du bail, sans rémission, ni diminution quelconque, pas même pour cause de stérilité, de dévastation ou de la perte de la majeure partie du fonds emphytéotique. La raison de cette règle qui pourrait, au premier abord, paraître peu équitable, est que ce canon n'est pas payé à raison des fruits, de leur perception ou jouissance comme dans le bail simple, mais en reconnaissance du domaine direct que le bailleur s'est réservé.

Le preneur était encore tenu de supporter toutes les charges d'un propriétaire, telles que grosses et menues réparations, contributions foncières, dîmes, etc.

Outre le canon annuel le preneur payait ordinairement au bailleur une certaine somme pour droit d'entrée; plus on stipulait qu'à chaque mutation de la personne du preneur, son successeur paierait au bailleur une somme déterminée par le bail. On appelait cela *Laudemium*, Droit de laudème. Le taux de ce droit était ordinairement le cinquantième denier de la somme payée pour le droit d'entrée.

Dans les emphytéoses en général on stipulait toujours que le preneur ne pourrait vendre son domaine utile, qu'au préalable il eut demandé et obtenu le consentement du bailleur propriétaire de la directe, ou de ses héritiers et ayant-droit; ce consentement donné, l'acquéreur était mis à la place du vendeur, précédent fermier, et payait au bailleur le laudème stipulé; si ce bailleur refusait son consentement, il fallait qu'il offrît de retirer l'emphytéose à lui en payant au preneur la même somme que le tiers avait offerte, et ce retrait, moyennant ledit paiement, appartenait de droit au bailleur : mais si celui-ci, mis en demeure de s'expliquer, gardait le silence, il était réputé consentir à la susdite aliénation et se contenter du laudème.

Il s'entend de soi-même que cette mutation, comme celle héréditaire, ne changeait aucunement ce qu'on appelle la condition des parties. On voit que l'emphytéose, même perpétuelle, tient du bail à ferme ou à loyer, et de l'emphytéose romaine proprement dite, en ce que l'un et l'autre de ces contrats imposent au preneur ou fermier l'obligation de payer un canon annuel au bailleur ; mais l'emphytéose, quelqu'en soit la durée, diffère du louage simple en ce que le fermier emphytéote a la plûpart des droits et des charges d'un propriétaire : que le bail emphytéotique est une véritable et entière aliénation, pendant le temps fixé pour sa durée, de la propriété du domaine utile, c'est-à-dire de tout le produit de la chose, au profit du preneur, la seule propriété directe restant réservée au bailleur.

En ne perdant pas de vue que la réunion de la concession du seul domaine utile, avec réserve du domaine direct, et la prestation annuelle d'un canon uniforme sans rémission quelconque, jointes surtout à l'obligation imposée au preneur de supporter toutes les charges, forment le caractère distinctif de la véritable emphytéose, on ne sera pas exposé à se tromper et à prendre pour emphytéotiques des concessions et des contrats d'une nature bien différente. Ce n'est pas d'après le titre que le rédacteur aura donné erronnément à un contrat, mais d'après sa teneur que le légiste doit juger la nature et l'espèce de ce contrat.

L'emphytéose expirait ou prenait fin de plusieurs manières :

1.° Par la perte de la totalité de la chose concédée ;

2.° Par l'échéance du terme stipulé pour la durée de la concession ;

3.° Par le défaut de descendants, ou successibles du premier preneur du bail emphytéotique héréditaire ;

4.° Toutes les espèces d'emphytéoses finissent aussi par ce que l'on appelait la commise. Elle était encourue par le fermier, quand il ne cultivait pas le fonds en bon père de famille; quant aux bâtiments, quand il ne les entretenait pas convenablement, et à plus forte raison, quand il les laissait tomber en ruine ; quand il ne faisait pas les constructions et établissements dont son bail lui imposait l'obligation; enfin lorsqu'il avait laissé écouler deux ans sans s'acquitter de son canon; cependant, dans aucun cas le propriétaire direct ne pouvait de son autorité privée, expulser le fermier et lui retirer l'emphytéose, mais il devait à cet égard former sa demande en justice et tout ce que des circonstances, favorables au fermier pouvaient lui obtenir du juge, c'était un délai raisonnable de grâce pendant lequel il lui était ordonné de satisfaire à ses obligations, faute de quoi faire dans ledit délai, la commise était déclarée définitivement encourue.

N'ayant pas l'intention d'écrire un traité, mais de donner un simple notice, nous renvoyons ceux qui désireraient en savoir davantage au Droit romain, Inst. livre 3, titre 25, § 3. Dig. livre 6, titre 3. Cod. livre 4, titre 66. Livre 11, titre 30, 64, 70. Nov. 7, chap. 7 et 120, chap. 8, aux lois civiles de Domat, aux autres anciens auteurs qui ont traité cette matière, et aux divers arrêts de la Cour royale de Colmar, rapportés au Journal de M. Jourdain.

Nous terminerons cet article en faisant observer que depuis notre nouvelle législation sur la mobilisation des rentes et leur rachat, et d'après les dispositions de l'article 530 du Code civil, la concession à bail emphytéotique ne peut plus avoir lieu en France.

La Cour de cassation a rendu nombre d'arrêts concernant les emphytéoses, en les consultant on verra quelles sont les rentes emphytéotiques dont cette Cour a déterminé la nature féodale et qu'elle a par conséquent déclarées abolies, et quelles sont les rentes emphytéotiques qu'elle a considérées être purement foncières et non comprises dans l'abolition prononcée par la loi de juillet 1793.

S'il n'est pas douteux que d'après les dispositions de la loi du 29 décembre 1790, le canon ou la rente de l'emphytéose perpétuelle soit rachetable, on ne saurait, à notre avis, contester que le canon de l'emphytéose à temps fixe et déterminé, et celui de l'emphytéose héréditaire, ne sont pas rachetables, parce que, dans ces deux dernières espèces, il n'y a pas de transmission définitive, mais seulement temporaire, de propriété.

COLONGE, Dinghoff.

On appelait autrefois Colonge, en allemand Dinghoff, un bail très-anciennement usité dans notre province.

Par le contrat colonger, un propriétaire répartissait entre plusieurs preneurs un corps de biens, ordinairement considérable, en se réservant un canon annuel, uniforme et modique; par ce bail, le propriétaire se dépouillait de son droit de propriété en faveur du preneur colonger, qui usait de sa portion colongère en véritable propriétaire et pouvait l'aliéner et en disposer, toutefois dans les termes du réglement constitutif de la colonge, et sauf, en cas d'aliénation, le droit de préférence, ordinairement stipulé en faveur des membres des familles colongères qui n'étaient pas encore participant à la colonge; aussi, lorsque dans certains cas prévus, l'un des colongers encourrait la déchéance de son bénéfice colonger, sa portion colongère retombait bien de droit au bailleur ou à ses ayant-droit; mais ceux-ci étaient tenus de concéder de nouveau cette portion à un individu apte à prétendre à devenir membre de la colonge.

Outre ce premier caractère distinctif de la colonge, il en était un second, c'était le droit concédé aux preneurs colongers de tenir, sous la présidence du bailleur ou de son représentant, des assises pour y juger eux-mêmes, conjointement avec le bailleur, les différends qui s'élevaient entre eux à raison des fonds concédés et les délits ruraux commis sur ces fonds, soit par les colongers, soit par tous autres. Cette justice était une sorte d'arbitrage et ainsi que l'a très-bien observé feu M. le professeur Koch « elle a pris son ori« gine dans la prédilection que les anciens Ger« mains avaient d'être jugés par leurs pairs, « plutôt que par leurs supérieurs et juges ordi« naires. C'était donc une véritable cour des pairs, « et c'est par cette raison qu'elle a dû être com« posée des preneurs. Cette justice s'appelait en allemand Dinghoff, de Hoff, cour et de bingen, régler, statuer, ordonner.

La colonge ou Dinghoff, se reconnaît donc facilement 1.° à la concession héréditaire et perpétuelle, moyennant une redevance constante et uniforme à payer par les concessionnaires au concédant; 2.° au droit de la justice colongère que le bailleur et les preneurs exerçaient conjointement pour assurer le maintien des réglements colongers, l'exacte perception de la rente, et pour la conservation de la totalité des biens colongers. Là où ne se rencontrent pas ces caractères essentiels, il n'y a pas de colonge.

Il faut se garder de confondre ces caractères distinctifs avec les diverses clauses et stipulations, souvent plaisantes, quelquefois ridicules, qui se rencontrent dans quelques contrats constitutifs des réglements colongers, et qui y ont été ajoutées bien postérieurement à la concession primordiale ; toutes ces clauses ne sont que des accessoires qui ne touchent pas à l'essence du contrat colonger.

La redevance colongère a aussi été mobilisée par notre nouvelle législation, d'après laquelle cette redevance est conservée et non abolie. Il est évident que, d'après cette législation, la concession colongère ne peut plus avoir lieu en France, ni à raison de sa perpétuité, ni sous le rapport de sa juridiction.

Nous croirions enfler inutilement ce volume, si nous transcrivions ici un réglement colonger, de même que nous nous sommes abstenus de transcrire, à l'article précédent, un bail emphytéotique ; d'ailleurs ceux qui ne connaissent pas encore la teneur littérale de ces deux sortes de contrats en trouveront facilement des expéditions dans nos deux départements.

Nous renvoyons, au surplus, aux divers arrêts de la Cour de cassation et à ceux de la Cour royale de Colmar, rapportés au Journal de M. Jourdain.

Il a été jugé que la redevance ou rente colongère est du nombre de celles que la loi a déclarées rachetables, et cela parce que le colonger est considéré comme véritable propriétaire des fonds colongers, et le bailleur comme propriétaire de la rente seulement : si bien que telle ou telle colonge ayant été concédée par une corporation ecclésiastique, ou par un individu, dont les biens ont été déclarés nationaux, l'Etat n'a jamais prétendu au droit de s'emparer des fonds, qui ont été laissés aux ci-devants colongers, et le gouvernement s'est toujours borné à appréhender la rente.

LOCATAIRIE

PERPÉTUELLE,

Schauffelrecht.

La locatairie perpétuelle, ou le droit de la bêche, comme sa dénomination allemande Schauffelrecht l'indique, est un contrat par lequel un propriétaire d'un fonds rural, ordinairement des terres arables, concédait à perpétuité et moyennant une prestation annuelle, uniforme et invariable, à un autre le droit de cultiver ce fonds et d'en percevoir tous les fruits, et ce, de préférence à tout autre, avec la faculté de transmettre ce droit à ses héritiers ou donataires, même de le vendre.

Nous connaissions autrefois deux espèces de locatairies perpétuelles : l'une qui s'établissait par convention expresse et qui était constatée par l'acte de cette concession, et l'autre qui était devenue telle par le seul fait. Il n'est pas rare de trouver en Alsace des contrats écrits de cette location perpétuelle.

Quant à celle qui s'est établie par le seul fait, elle doit sans doute son origine à la bonne foi des propriétaires qui, contents de leurs fermiers et de leur exactitude à remplir leurs engagements, leur ont continué, par reconduction tacite, la location, originairement bail simple, et après eux, à leurs enfans et autres descendants.

Le bail n'existe pas, soit qu'il n'en ait jamais été rédigé, soit qu'il se soit perdu dans les temps de malheur et de dévastation de l'Alsace, pendant la guerre des paysans et celle des Suédois ou de 30 ans.

Les jurisconsultes allemands et entre autres *Schilter, Codex Juris allemannici feudalis*, appellent la locatairie ou Schauffelrecht, *emponema, sive amelioratio agri, jus emponematum.*

D'après la jurisprudence allemande, adoptée en ce point en Alsace, de même que dans les provinces de France où cette locatairie perpétuelle est connue, par exemple, en Languedoc, elle tient le milieu entre le bail simple et l'emphytéose. Elle diffère du bail simple en ce qu'elle est héréditaire et perpétuelle, que le canon est uniforme, invariable et irrémissible, et que toutes les charges quelconques doivent être supportées par le preneur ; elle diffère de l'emphytéose en ce qu'elle ne transmet au preneur aucune propriété, ni utile, ni directe, le bailleur conservant l'une et l'autre, et en effet dans les terriers, cadastres et renouvellements, le bailleur est toujours désigné comme propriétaire et le preneur comme fermier : Dem NN. gehörig, bauet NN., zahlt so viel Gült.

Dans cette locataire, il ne compète au preneur qu'un droit héréditaire, transmissible et perpétuel d'usufruit, parce que le canon n'est pas dû *in recognitionem dominii directi* comme dans l'emphytéose, *ni in recognitionem concessionis fundi* comme pour les rentes perpétuelles proprement foncières, mais *in gratitudinem concessionis usufructuariæ*.

Suivant la doctrine des jurisconsultes allemands, que le Conseil souverain d'Alsace et la Cour de Colmar ont constamment adoptée, il faut qu'il y ait réunion des caractères distinctifs suivants, pour que l'on admette la locatairie perpétuelle, le Schauffelrecht :

1.° Absence de tout bail originaire simple; 2.° culture non interrompue pendant 30 ou 40 ans, selon la qualité du bailleur, c'est-à-dire, pendant le temps requis pour acquérir la prescription contre lui; 3.° que pendant ce temps le canon ait toujours été acquitté uniformément et sans rémission ou réduction; 4.° que le preneur ait été chargé, aussi pendant tout ce temps, de l'acquit des contributions foncières et charges quelconques assises sur le bien.

Il est entendu que si le propriétaire contre lequel le fermier excipe de la locatairie perpétuelle, produisait un bail simple ancien et soutenait que le détenteur actuel ne cultive que par suite de reconduction tacite dudit bail, il faudrait que ce détenteur prouvât qu'il n'est ni héritier ni-ayant droit du fermier simple originaire, et que 30 ou 40 ans se sont écoulés depuis l'échéance du terme fixé par le susdit bail pour son expiration; enfin que pendant ces 30 ou 40 ans, ceux qui ont cultivé le bien ne l'ont pas fait du chef, ou comme étant aux droits du susdit fermier originaire; car la simple existence d'un bail simple ancien ne peut être prise en considération abstractive, parce que cette existence en prouvant qu'à telle ou telle époque le bien a été donné à bail simple, ne démontrerait certainement pas que ce bail simple expiré, le propriétaire n'a pas *de facto* donné le bien en locatairie perpétuelle.

Observez par contre que la présomption légale d'une concession à locatairie perpétuelle s'évanouirait si le propriétaire prouvait par exemple qu'il a de temps à autre fait au fermier remise de tout ou partie de son canon, ou qu'il a, lui propriétaire, payé tout ou partie des charges et impositions assises sur le bien ; alors il serait constant que quelque longue qu'eut été la culture ou la jouissance du preneur, celui-ci ne pourrait avoir acquis la prescription ; car comme dit *Schiller* « *etsi enim longissimo tempore conduc-*

« *tor tenuerit fundum conductum ad tempus,*
« *quod si vel maximè effluxerit et conductori*
« *relictum fuerit, continuata quidem tacita*
« *conductio de jure præsumitur.* »

En d'autres termes : il est incontestable qu'une longue possession n'établit le Schauffelrecht que par présomption : qu'ainsi, pour que cette présomption puisse être admise en justice, il faut de toute nécessité qu'il n'en existe pas de contraire ; or, celle-ci résulterait bien certainement de la prestation non uniforme et non constante du canon, de la rémission sur ce canon, de telle ou telle prestation acquittée par le propriétaire, et ce, contrairement à l'essence de la locatairie perpétuelle ou de tout autre fait duquel il ressortirait indice suffisant en faveur du bail simple.

D'après tout cela nous pensons que le propriétaire peut demander la résiliation de la locatairie perpétuelle, lorsque le preneur ne cultive pas le bien ou qu'il ne paie pas exactement son canon.

Nous pensons encore que le canon dû pour la locatairie perpétuelle ne peut être rangé dans la cathégorie des rentes ou redevances que nos lois ont déclarées rachetables. Nous estimons que le canon de la locatairie perpétuelle n'est pas rachetable, parce que notre législation n'autorise que le propriétaire d'un fonds à affranchir sa propriété de la rente dont elle est grevée, en remboursant le capital de cette redevance ; or, le fermier à locatairie perpétuelle n'est pas propriétaire, ni direct, ni utile, du fonds qu'il cultive ; encore moins en est-il le propriétaire plein et entier. Le canon de la locatairie perpétuelle n'est pas créé et servi *in recognitionem domini directi* comme dans l'emphytéose, ou *in recognitionem concessionis fundi* comme pour les rentes foncières proprement dites, mais seulement *in recognitionem sive gratitudinem concessionis ususfructûs*.

Ce fermier n'étant donc qu'usufruitier (perpétuel à la vérité, mais toujours rien qu'usufruitier), de quel droit pourrait-il avoir la faculté de convertir son usufruit en propriété et le pouvoir de devenir propriétaire du fonds, en remboursant au seul et véritable propriétaire de ce fonds le capital de la redevance, prix de la simple jouissance?

Que le canon emphytéotique soit du nombre des redevances rachetables, que le fermier emphytéote ait le droit de racheter ce canon, cela résulte de l'esprit et de la lettre de nos lois sur la matière ; elles ont voulu donner à tout propriétaire le droit d'affranchir sa propriété, et par le bail emphytéotique le bailleur s'est désaisi, en faveur du preneur, de la propriété utile, il ne s'est réservé que la simple directe ; le rachat que l'on fait à l'égard de ce bailleur, bien entendu dans les emphytéoses perpétuelles est une juste conséquence de notre législation.

Quant aux emphytéoses à temps, où l'époque

la retour, du fonds amélioré, au propriétaire direct, est déterminée, nous ne pouvons penser que le bénéfice de ce retour puisse lui être enlevé au moyen du paiement du capital du canon.

Quant aux rentes purement foncières, le principe incontestable qu'elles ont été créées et sont servies en reconnaissance de la concession de la pleine propriété du fonds admis, la conséquence nécessaire de leur rachetabilité est démontrée; mais cette conséquence ne milite-t-elle pas victorieusement en faveur de la non-rachetabilité du fermage de la locatairie perpétuelle? et cela par le motif donné ci-dessus, que le preneur de la locatairie perpétuelle n'a aucun droit de propriété quelconque, mais un simple droit de cultiver un fonds de préférence à tout autre, tant et si longtemps qu'il acquittera exactement son canon et toutes les charges quelconques assises sur le fonds. Voyez les arrêts sur la matière rapportés au Journal de M. Jourdain, et entre autres celui du 9 décembre 1820, tome 16, p. 328 et 320, qui décide que le fermier à titre de Schauffelrecht a droit à la déduction du cinquième sur son canon.

BAIL HÉRÉDITAIRE,

Erbbestand, Erbpacht, Erblehn.

Les Allemands n'ont pas de mot propre dans leur langue et qui traduise exactement le mot latin *emphyteusis*, en français emphytéose, et selon la fantaisie du rédacteur du contrat, ils ont donné les noms d'Erbbestand, d'Erbpacht, d'Erblehen, tantôt au véritable contrat d'emphytéose romaine, tantôt à celui de bail héréditaire; il faut donc se garder de confondre ces deux contrats essentiellement différents; nous avons déjà parlé du premier : voici ce qui concerne l'autre.

Le bail héréditaire, très-fréquent en Alsace, tenait de la locatairie perpétuelle; il ne transmettait au preneur aucune propriété ni directe, ni utile; la propriété restait pleine et entière au bailleur. Le canon était créé et servi uniquement pour la jouissance du fonds et la perception de ses

ses fruits. Ce canon était ordinairement proportionné à la valeur et au produit du fonds.

On appelait Erbbestand, Erbpacht, Erblehen, le bail héréditaire, parce qu'il était donné au preneur et à ses descendants et héritiers *ab intestat*, et il était rare que le détenteur ou fermier eût la faculté d'en disposer par testament. Le canon était uniforme et invariable : on l'appelait beständige Gült; on rencontre cependant des exemples fréquents de rémissions ou déductions sur le canon accordées aux preneurs pour cause de stérilité ou autre cas extraordinaire : mais alors que la condition de non-rémission était rigoureusement observée, le canon s'appelait d'*acier*, stälerne Gült, et cela parce que les Allemands disaient et disent encore aujourd'hui *stylo ferreo verlehnen*, louer *stylo ferreo*, pour exprimer que le canon ou fermage est exigible en entier sans rémission pour quelque cause que ce soit.

Le preneur héréditaire ne pouvait vendre son droit de culture à un individu, qui n'était pas son successible, qu'avec le consentement du propriétaire bailleur, qui pouvait le refuser pur et simplement, et qui d'ordinaire ne le donnait que lorsque l'acquéreur lui convenait comme nouveau fermier.

Les impositions étaient régulièrement à la charge du fermier et celui-ci perdait son bail par négligence de culture du fonds ou le retard d'acquitter son canon.

Ce canon ou cette redevance du bail héréditaire

est, à notre avis, non-rachetable, par les motifs que nous avons donnés à l'article de la locatairie perpétuelle et qui sont, que pour qu'une rente puisse être soumise au rachat, il est indispensable qu'elle ait été créée et qu'elle soit due à raison d'une concession d'un droit de propriété, et que par conséquent le propriétaire d'un fonds se soit démis et désaisi à perpétuité de la propriété de ce fonds et non pas de la seule jouissance, et que ce propriétaire, en concédant sa propriété, ait acquis, en remplacement, une rente ou une redevance annuelle et perpétuelle ; il faut enfin que celui qui prétend user de la faculté de racheter la rente soit le propriétaire du fonds grevé et non le simple preneur ou fermier de ce fonds.

RENTES
PUREMENT FONCIÈRES.
Grundzinß, Bodenzinß.

Ces rentes sont toutes celles, n'importe leur dénomination, qui ont été créées et consenties à raison ou en reconnaissance d'une concession ou transmission de propriété, et pour tenir lieu au concédant du fonds dont il transmettait la propriété au concessionnaire.

Enfin il est une espèce de rente que l'on est convenu d'appeler foncière et qui était créée et consentie en faveur du propriétaire d'un fonds par un tiers auquel ce propriétaire concédait le droit de bâtir sur ce fonds.

Par cette concession, le concessionnaire acquérait le droit de superficie, le domaine utile du fonds; cette dernière espèce de rente nous paraît incontestablement rachetable, comme sont rachetables, sans controverse, toutes celles constituées à perpétuité pour concession de fonds en toute propriété.

Voyez les arrêts sur la matière rapportés au Journal de M. JOURDAIN, et ceux de la Cour de cassation.

FIN.

TABLE

DES MATIÈRES CONTENUES DANS CE VOLUME.

Épitre dédicatoire . . . . page iii
Préface du manuscrit v
Lettre du 26 avril 1738 sur la législation de
   l'Alsace, écrite par M. Bruges, avocat au
   Conseil souverain d'Alsace, à un avocat de
   Paris. ix
Dévolution : Exposé sommaire sur cette ma-
   tière 1
Colmar. — Dévolution. — Extrait des Statuts
   sur les successions 7
Sélestadt. — Dévolution. — Différence entre
   le Statut de cette ville et celui de Colmar. 13
Wissembourg. — Dévolution. — Règlement
   sur les successions. — Des secondes noces. 18
Landau. — Voir ses Statuts imprimés . . . 40
Obernay. — Tutelles, inventaires, succes-
   sions, partages, testamens, vices redhibi-
   toires. 43
Munster-au-Val. — Dévolution 48
Kaysersberg. — Dévolution. — Différence

entre le Statut de cette ville et celui de Colmar .... *ib.*

Turckheim. — Régi par le Statut de la Dévolution 49

Ferrette. — Réglement sur les successions et partages. Note 50

Altorff et Witersheim. — Successions. . . 55

Artolsheim. — Droit de retrait. Partages et successions 56

Banvillars. — Régi par les Us et Coutumes du comté de Belfort 57

Bartenheim. — Coutume de Ferrette . . . *ib.*

Benfeld (baillage). — Partage entre époux des deux tiers au tiers 58

Benfeld (ville). — Régi par les Us et Coutumes de l'évêché de Strasbourg 59

Benheim et Trimbach. — Droit commun, Voyez Fleckenstein 60

Bergheim, Roderen et Roschwir. — Communauté, successions, secondes noces . . 62

Biesheim, îles du Rhin, baronnie de Hattstatt, Niederhergheim et Niederentz. — Droit commun avec la Coutume de Ferrette. 65

Bischwiller. — Testamens, successions. Statuts de Deux-Ponts 66

Bœrsch. — Communauté des deux tiers au tiers. Père et mère héritent leurs enfants. Droit de retrait 69

Baronnie de Bollwiller, Junholz, Rumbach et Hésingen. — Communauté, successions, partages, douaire, jouissance du survivant

quant aux biens de ses enfans mineurs.
Préférence sur la maison mortuaire. Se-
condes noces, retrait 71
Baronnie de Bronstatt. — Coutume de Ferrette. 83
Cernay. — Coutume de Ferrette 84
Châtenois (bourg). — Droit de retrait, suc-
cessions, partage, droit de préférence.. 85
Comté-Ban, Neubois, Dieffenbach, Hachbach,
St.-Maurice, Neuve-Eglise, Breitenau et
Fouchy. — Droit de retrait, successions,
partage, droit de préférence........ 87
Ebersheim, baillage de Châtenois. — Droit
de retrait, successions, partage, droit de
préférence, jouissance des biens des en-
fans 89
Ebersmunster. — Droit romain 91
Egisheim. — Successions, partage, droit de
préférence 92
Escherswiller. — Successions, partage, dot,
droit de préférence 94
Foussemagne et Fontaine. — Coutume de
Ferrette. — Successions entre frères et sœurs 95
Baronnie de Fleckenstein. — Retrait ligna-
ger. Jouissance du bien des enfans, quid
de la femme : au surplus droit commun . 97
Fort-Louis du Rhin. — Fonds dotal. Dot.
Succession des enfans. Secondes noces.
Droit de retrait 98
Giesbolsheim, baillage de Bœrsch. — Com-
munauté des deux tiers au tiers. Père et
mère succèdent à leurs enfans. Droit de

retrait. Dot. Partage 99
Grandvillars (baillage). — Droit commun.
Coutume de Ferrette 101
Herlisheim, Hattstatt, Vöglinshoffen, Hiiseren et Sultzbach. — Droit de retrait. Droit préférence 102
Hirsingen, comté de Montjoie, Eméricourt, Ruderbach, Bisch et Bruebach. — Communauté universelle des deux tiers au tiers. Père et mère héritent leurs enfans. Droit de préférence 103
Lambertheim. — Communauté des deux tiers au tiers. Père et mère héritent leurs enfans. Dot. Tutelle 105
La Petite-Pierre et Reichshoffen (baillage). — Conventions, contrats, successions, partage, communauté. Jouissance du bien des enfans 107
Landser (baillage). — Dot. Communauté des deux tiers au tiers. Droit de préférence. Partage des dettes 122
Luttenbach (baillage). — Coutume de Ferrette avec réserve des apports immobiliers. Père et mère héritent leurs enfans. 126
Luttenbach (vallée), Schweighausen et Staffelfeld. — Communauté universelle partageable des deux tiers au tiers 127
Lauterbourg (ville et baillage). — Droit commun. Retrait. Propres de la femme. Remplacement. Jouissance du bien des enfans. 129
Marmoutier (baillage). — Droit commun.

Retrait. Réserve d'apports. Communauté d'acquêts des deux tiers au tiers 131

Massevaux. — Communauté universelle des deux tiers au tiers. Père et mère héritent leurs enfans 132

Meinfeld, seigneurie de Guttenberg. — Droit commun. Régi d'ailleurs par le Statut palatin de Deux-Ponts 133

Molkirch et Mülbach. — Communauté des deux tiers au tiers. Père et mère héritent leurs enfans. Droit de retrait, au surplus Droit commun 135

Molsheim. — Réserve d'apports. Communauté d'acquêts des deux tiers au tiers. Droit de retrait 137

Neuf-Brisach. — Communauté universelle des deux tiers au tiers. Confirmée par un nouveau réglement du 19 août 1707, enregistré le 30 du même mois au Conseil souverain d'Alsace 139

Oberbronn et Weinbourg. — *Hubgericht*, Droit commun 142

Reichstett. — Retrait lignager. Reprise d'apports. Communauté d'acquets des deux tiers au tiers 144

Reichshoffen. Voyez La Petite-Pierre . . . 146

Ribeauvillé (bailliage), Zellenberg, Guémar et St.-Marie-aux-Mines. — Droit commun. Droit de préférence. Reprise d'apports. Communauté d'acquets des deux tiers au tiers 147

Ribeauvillé (ville). — Réserve d'apports et d'héritages. Communauté d'acquets des deux tiers au tiers. Préciput. Jouissance du bien des enfans............ 149

Rouffach. — Réserve d'apports. Communauté d'acquets des deux tiers au tiers. Retrait. Père et mère héritent leurs enfans.... 151

St.-Nabord. — Communauté des deux tiers au tiers. Père et mère héritent leurs enfans. Dot inconnue. Réserve des biens donnés en mariage, au surplus Droit commun. . 153

Seppois-le-Bas. — Communauté universelle des deux tiers au tiers. Douaire se prélève. Droit de préférence. Tutelle........ 155

Sirentz (baillage). Coutume de Ferrette . . 156

Schuffelweyersheim, Wantzenau, Gambsheim, Bettenhoffen et Kilstett. — Retrait lignager. Ventes immobilières. Communauté universelle des deux tiers au tiers. 157

Traubach (prévôté). — Dot. Partage des deux tiers au tiers. Préférence. Vente... 159

Villé (baillage). — Retrait lignager. Réserve d'apports et héritages. Partage des acquets des deux tiers au tiers, au surplus Droit commun.................... 164

Wittelsheim. — Coutume de Ferrette. Droit de retrait................... 164

Weyersheim. — Retrait lignager. Ventes. Reprises des propres. Acquets partageables des deux tiers au tiers........ 166

Widensol (baillage). Coutume de Ferrette . . 168

Tutelles 169
Emphytéose 171
Colonge, Dinglloff 179
Locatairie perpétuelle, Schauffelrecht 183
Bail héréditaire, Erbbestand, Erbzacht, Erblehn. 190
Rentes purement foncières, Grundzinß, Boden-
  zinß 193
Table des matières 195

FIN DE LA TABLE.

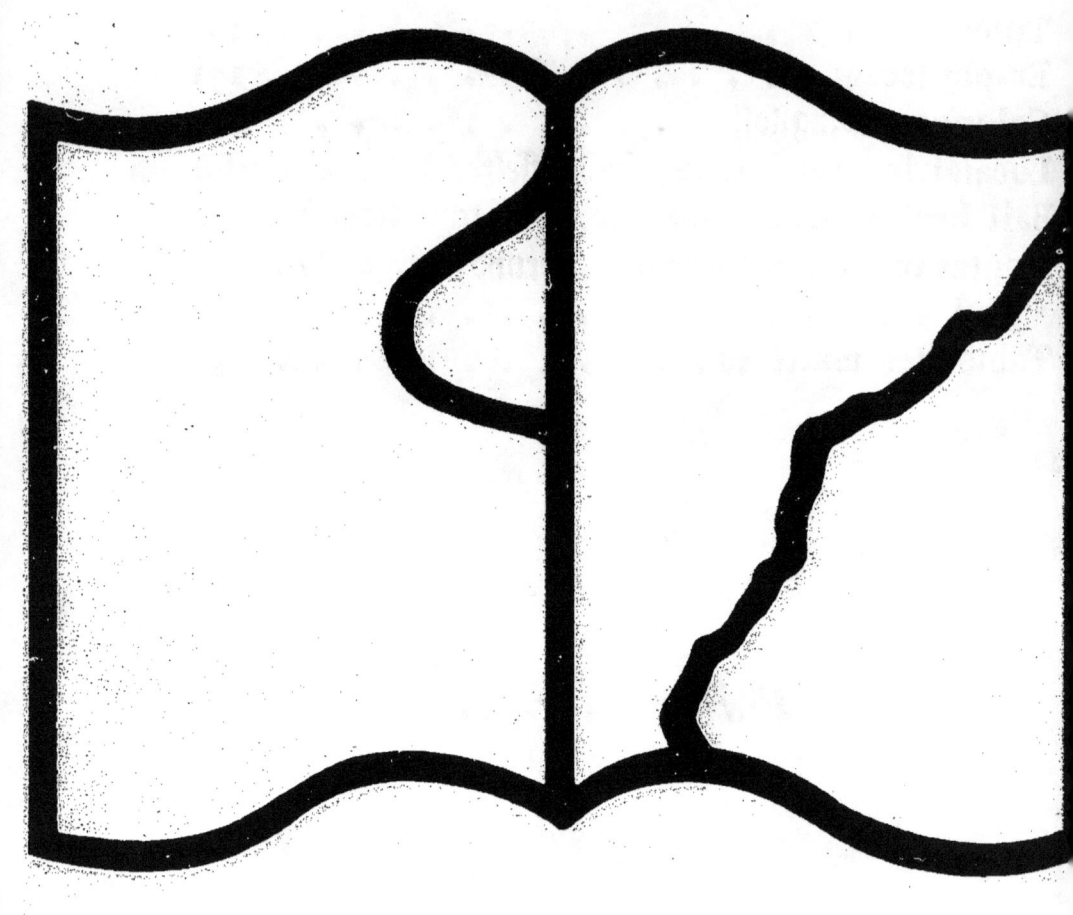

Texte détérioré — reliure défectueuse

NF Z 43-120-11

Contraste insuffisant

www.ingramcontent.com/pod-product-compliance
Lightning Source LLC
Chambersburg PA
CBHW051901160426
43198CB00012B/1693